아무도
나에게
물어보지
않았던
것들

아무도 나에게 물어보지 않았던 것들

초판 1쇄 발행   2019년 8월 9일
2쇄   2020년 1월 9일

지 은 이   정 진
인터뷰어   소재웅
일러스트   강 한
북디자인   이정민 D_CLAY
교정교열   편집팀
인쇄기획   일리디자인

펴 낸 곳   도서출판 훈훈
주   소   경기도 고양시 덕양구 소원로 267
홈페이지   www.lifewriter.co.kr

이 도서의 국립중앙도서관 출판예정도서목록(CIP)은
서지정보유통지원시스템 홈페이지(http://seoji.nl.go.kr)와
국가자료공동목록시스템(http://www.nl.go.kr/kolisnet)에서
이용하실 수 있습니다.(CIP제어번호: CIP2019030198)

ISBN   979-11-967762-0-6 (03180)
책값은 뒤표지에 있습니다.

아무도
나에게
물어보지
않았던
것들

정 진 지음

나 자신만의 보물을
발견하고 싶은
모든 분들에게

저는 오랫동안 전문 라이프코치로 살아왔습니다. 제 평생 사람들을 만나며 살아왔고, 제가 만난 모든 분들의 삶에 관심이 있었습니다. 그 과정 속에 있었던 제 마음과 생각들을 허심탄회하게 인터뷰하며 정리해 보았습니다.

한 사람을 만난다는 것은 진정 신비로움이고 기적이고 또 운명과 같습니다. 저는 확신합니다. 그 어떤 영화보다 그 어떤 음악보다 한 사람의 삶을 만난다는 것이 더 흥분되고, 즐거운 일이라는 것을요.

사람들은 왜 영화를 보고, 음악을 들을까요? 그 안에 담긴 삶의 희로애락 때문일 것입니다. 그런데 정작 지금 내 앞에 살아 있는 한 사람의 삶을 대하면서도 우리는 흥분과 즐거움을 느끼지 못 할 때가 많습니다.

한 사람을 만나고 그의 삶을 듣는다는 것은 결코 상대방만을 위해서 하는 행위가 아닙니다. 바로 나 자신을 위한 행위인 것이죠. 모든 만남(나와의 만남, 상대와의 만남, 신비로움과의 만남) 속에서 기쁨과 신비를 경험한다면 우리의 삶은 크게 달라질 것입니다. 이 책을 통해 삶을 만나는 방법을 경험하실 수 있는 여러분이 되셨으면 합니다.

　　제게 놀라운 삶을 준 저의 아버지, 어머니, 저를 무조건적으로 사랑해주시는 장인, 장모님, 가장 큰 힘인 아내, 가장 큰 선물인 하라, 해, 이 책이 나올 수 있게 도와주신 소재웅 대표님, 저의 존재를 경청해준 은사 구정란 선생님, 저를 믿어주고 지원해준 정재훈 변호사님께 깊은 감사의 말씀을 드립니다. 그 외에도 성함을 다 적지 못했지만 제 삶이 있기까지 함께해준 모든 분들께 감사드리며 오직 저의 삶이 주의 은혜로 시작되었음을 고백합니다.

2019년 8월 9일

정 진

목차

2018년 여름, 정진 코치와 소재웅 작가가 만났다.
소재웅 작가는 물었고, 정진 코치는 답했다.
때론 아주 조용하게, 때론 아주 뜨겁게,
서로 다른 길을 걸어온 두 사람은
'코칭'이라는 화두 앞에서 마음을 터놓고 이야기했다.
소재웅 작가는 정진 코치를 만나기 전,
그가 '경청'에 대해 종종 강의한다는 걸 알고 있었다.
그래서, 그를 만나면 '경청'에 대해 먼저 묻기로 작정했다.

지금부터 펼쳐지는 12번의 대화는
그들이 20여차례 만나 나눈 풍성한 대화를
추리고 추린 내용들이다.

＊ 소재웅 작가의 말은 파란색 글씨로
   정진 코치의 말은 검정색 글씨로 구분하였습니다.

Chapter. 1

경청이 무엇인지
궁금해 하는
그대에게

"타인을 '행위'의 차원이 아닌 '존재'의 차원에서 살펴야지.
타인이 '무엇을 했는가'로 판단하는 것이 아니라
거기에 존재하는 그 자체를 기뻐하고 감사해야 하는 걸세"

- <미움받을 용기> 중에서

소재웅(이하생략): 코치님과 만나면서 가장 먼저 여쭤보고 싶은 게 있었습니다. 어쩌면 아주 단순한 질문인데요, 대체, '잘 들어준다는 건' 무엇일까요?

정진(이하생략): 글쎄요, 사실 '들어준다'라는 표현이 저는 그렇게 긍정적인 느낌은 아닌 것 같아요. 왜냐면, 약간은 의무적으로 혹은 억지로 들어준다는 느낌이 있을 수 있거든요. 들어준다는 건 함께하는 것, 함께 존재하는 것, 이라고 생각해요. 그래서 상대가 '있는 그대로 있을 수 있도록' 함께 존재해주는 것. 그것이 '잘 듣는 것'이라고 생각합니다.

조금 어렵네요.(웃음) '함께 존재한다는 것'의 의미를 좀 더 풀어서 이야기 해주세요.

예를 들자면, 사람이 억지로 바뀌지 않잖아요. 억지로 또는 강하게 그 사람을 혼낸다고 바뀌지 않죠. 자기 스스로 온전히 있을 수 있을 때, 그것을 스스로 느낄 수 있을 때, 깨달을 때 변화한다고 생각해요. 신과 대면하는 것도 그렇잖아요.

변화한다는 건 진정으로 본인이 자신을 받아들일 수 있을 때 가능한 거죠. 저는 경청도 그렇다고 생각해요. 누군가 내 얘기를 판단하는 사람이 없을 때… 물론 나를 사랑해서 그럴 수 있지만, 판단 받는 건 누구나 싫어하잖아요. 내 이야기를 듣는 사람이 나를 판단하지 않고 있는 그대로 받아준다는, 그 느낌을 줄 수 있는 것, 그렇게 함께하는 것이 경청이라 생각해요. 진정으로 그가 어떠한 이야기를 하더라도, 어떤 삶을 살더라도 함께 있을 수 있는 것이죠.

제가 7-8년 전에 만난 한 아이가 정신과에 다니며 약을 먹고 있었어요. 그 친구의 어머니는 병원과 상담소 등 다양한 곳을 다니다 저를 만나게 되었어요. 저와 그 어머니는 그 아이가 병원치료를 병행한다는 조건으로 코칭을 시작했어요. 그 아이는 형제도 많고 첫째라서 어릴 때부터 말할 데가 별로 없었던 것 같아요. 저를 만나면 다양한 이야기를 뒤죽박죽 하다가 갑자기 "이제 바쁘다"고 일어나서 가곤 했어요. 사실 그 아이의 이야기는 너무 이쪽저쪽으로 오갔기 때문에 무슨 얘기인지 모를 정도였어요. 온갖 주제를 이야기하다가 가버리는 거예요. 제가 코치로 몇 년 경험이 있는 상황이었는데도 쉽지 않았어요. 이런저런 이야기를 횡설수설하니까요. 그렇게 그 아이의 이야기를 들으며 한 주 두 주가 흘러가는데 이 아이가 너무 행복해하는 거예요. 그 아이는 스스로 자신을 이야기하면서, 점차 자기를 발견하게 됐죠.

제가 그 아이와 만났을 때 했던 것은 대부분 듣는 거였어요. 그런데 그것을 통해 자기를 발견하고 찾아가고, 회복하게 되는 경험들을 했어요.

제가 만났던 재능이 많은 한 아이의 이야기를 좀 더 해볼게요.
그 친구는 머릿속에 그림을 그리고 있었고, 상상 속에서 수많은
이야기들을 만들어내고 있는 친구였어요. 머릿속에 이야기가 너
무 많으니까, 다른 사람들과의 관계가 좋기 어려웠죠. 사람들이
보기에 좀 문제가 있다고 생각되는 친구였어요. 저는 그 친구를
처음 본 날, 눈물 날 정도로 감격이 밀려와서 "난 너를 만난 게 영
광이다"라고 이야기했어요.

어떤 의미에서 감격적이었다는 얘기죠?

그 친구는 자기 속에서 수많은 꿈들을 가지고 있었어요. 머릿
속에서 소설을 10개 정도는 쓰고 상상하고 캐릭터를 만들고 있
을 만큼 재능과 열정을 가진 친구였어요. 그건 아무에게나 있는
능력이 아니잖아요. 감격스럽죠. 꼭 숨어 있는 보물을 만난 느낌
이랄까…

그 친구는 자기 스스로도 자신 안에 무언가 있다는 건 느끼고
있었어요. '아, 나는 뭔가 있는데 엄마랑 친구는 이걸 몰라줘, 인
정을 안 해줘. 난 뭐지?'라는 궁금증을 가지고 사는 친구였어요.
그 친구와 코칭이 이어지고 있던 어느 날 그 친구가 저에게 그러
더라고요. "코치님, 나를 왜 그렇게 한결같이 믿어주세요?" 그래
서 제가 그랬어요. "난 믿어주는 게 아니야, 너 자체가 그냥 보물
이고, 믿음이고, 나에겐 기쁨이야. 너를 정말 기대해" 전 그 친구

의 그 질문이 인상적이었어요. 계속해서 '아, 난 왜 이럴까. 왜 난 생각만 할까. 왜 난 계속 학교 공부는 안 하고 이런 수많은 상상들을 하는 걸까…' 하다가 자기 자신을 있는 그대로 경청해주는 사람을 만난 거죠. 보통 "코치는 거울이다"라는 표현을 쓰기도 하는데 바로 그런 역할을 하는 것이 경청이 아닐까 생각이 됩니다.

"사실 '들어준다'라는 표현이
저는 그렇게 긍정적인 느낌은 아닌 것 같아요.
왜냐면, 약간은 억지로 들어준다는
느낌이 있을 수 있으니까.
잘 들어준다는 건 '함께한다', '함께 존재한다'
라고 생각하거든요. 그래서 상대가 있는 그대로
존재할 수 있도록 함께 존재해주는 것.
그것이 '잘 듣는 것'이라고 생각합니다."

"나를 왜 그렇게 믿어주세요?"라는 말이 인상적이네요. 아무리 듣는 사람이 경청하려고 애써도 '이 사람이 내 존재를 믿어준다'는 확신이 없으면, 자기 이야기를 쉽게 꺼내놓기 어렵잖아요. 특히 상처나 트라우마가 있는 사람이라면… 결국 그 '믿음'이라는 키워드가 중요한 듯 싶네요.

그렇다면, '믿음'을 주려면 어떻게 해야 하나요? 믿음이란 게 주고 싶다고 줄 수 있는 게 아니잖아요. 내가 정말 내 앞의 존재와 소통하고 싶은 마음으로 가득해도, 존재를 받아들이겠다는 마음이 가득해도, 실제로 신뢰를 받는 건 다른 부분이잖아요. 그런 건 어떻게 하면 나아질 수 있을까요?

기술적인 부분도 중요하지만, 전 기술이 본질적인 건 아니라고 봐요. 물론, "말하지 않아도 알아요"라는 말은 사실이 아니라고 생각해요. 말해야 알죠(웃음). 전 행동이 말보다 더 큰 영향을 주는 것 같아요. 행동이 뭐냐면 내 눈빛, 내 말투, 내 '어떠한 반응'이에요. 저는 '말을 안 하는 것'이야말로 무엇보다 강력한 언어라고 생각하거든요. 함께 있으며 말을 안 할 수 있는 것. 상대가 불안해 해도 함께 웃을 수 있는 것. 그건 뭘 해주는 차원이 아니라 '내가 정말 내 앞의 사람을 그렇게 여기는가'에 달려있죠.

누구를 만나러 가기 전에 '이 아이의, 이 사람의 보물은 무엇인가?'를 찾고자 합니다. 마치 보물찾기를 하듯이, 가서 어떠한 이야기를 들어도 보물을 찾는 느낌을 갖고 만나는 거예요.

예를 들어 어떤 사람은 평생 상처를 가지고 살잖아요. 가령,

'그 사람 때문에', '엄마, 아빠 때문에…', 라는 마음에 "너 그만해, 그만 아파해"라고 할 수 없거든요. 경청은 그 상처를 듣고 그 사람의 마음을 공감하는 거죠. 무엇을 듣느냐 하면, 그 사람이 그렇게 소중히 여기고 있는 '가치'를 듣는 거예요. 보통 1년쯤 들으면 "힘들었겠다" 하다가도 2년째 듣게 되면 "이젠 회복할 때가 된 것 같은데?" 하다가 3년째 듣게 되면 "이제 좀 그만해!" "그만 징징대고 일어나!" "그만 용서해!"라고 말하게 돼요. 왜냐하면 듣는 사람이 오히려 그 이야기를 듣는 것이 힘들거든요. 잘 들으려면 상처 이면에 존재하는, 그가 뭘 그렇게 소중히 여기는지를 봐야 합니다. '부모가 나를 공감해주지 않았어, 부모가 나를 신뢰해주지 않았어' 부모가 돌아가셨음에도 계속 그러한 마음을 품고 사는 경우가 있어요. 그럴 때 '이 사람은 신뢰가 너무 중요하구나… 이 사람에게 중요한 건 신뢰구나, 공감이구나…' 그걸 들어주는 거죠. 그것부터 시작하는 거예요. 왜 이렇게 그는 그걸 소중히 여길까… 거기서 삶의 보물찾기가 시작되는 것이고, 인생의 수수께끼가 풀리는 거예요.

그리고 사람들은 보통 자신이 갖고 있는 가치에 반하게 행동하는 사람을 보면 분노하거든요. "너 정치인들! 왜 그 사람 구하지 않았어!", "너 왜 리더로서 사람들을 이해하고 공감하지 않았어!" 이런 식으로요.

자신이 품고 있는 가치대로 행동하지 않는 누군가한테 분노하게 된다는 거네요.

예, 그런 거죠. 가령, 아내한테 "너는 왜 그렇게 안 하냐?"라는 식으로 화를 냅니다. 연인들이 결혼하고 1년 지나고 나서, "너는 왜 나를 배려 안 해, 왜 공감 안 하냐" 하기도 하죠. 남성들은 보통 "왜 나를 인정 안 하냐!"라고 하죠. 그런데 "너는 왜 그렇게 안 하냐!"고 하지만, 상대방은 그걸 알지도 못하고 들어본 적도 없고, 살아본 적도 없는 거죠. 왜냐면 그 가치는 상대방이 아니라 '내가 가지고 있는 높은 기준'이니까요.

저의 부모님은 사랑이 많으신 분이었어요. 감정도 풍부하시고, 두 분 다 여러 가지로 훌륭한 분들이십니다. 그런데 그만큼 많이 다투셨어요. 저는 어릴 때도 '저렇게 다투는 건 서로 너무 사랑해서다'라고 생각했어요(웃음). 저는 어렸을 때부터, 억지로 웃으면서 자신의 마음을 가리고 있는 사람을 보면 '쟤가 마음이 아픈 거 아닌가'라는 게 느껴지는 사람이었죠. 흔히 말하는 '점 보는 사람'처럼 상대방의 마음을 느꼈다는 건 아니고요(웃음). 저는 사람의 말투, 표정을 읽을 수 있는 사람이었어요. 그래서 대학교 때 엠티에 가면, 엠티에 온 동기들의 감정들이 보이고 느껴지니까 그런 친구들을 찾아가서 들어주고 격려해주는 게 즐거웠어요. 엠티에 가서 누군가와 얘기하다보면, 자연스럽게 제가 그를 위로를 해주고 있더라고요. 한마디로 저는 엠티를 위로해주려는 목적으로 갔던 거죠. "너 무슨 일 있니?"라며 같이 눈물도 흘리고… 그것이 제겐 자연스러웠어요. 의미도 있고, 즐거웠죠.

순간 든 생각인데, 한편으론 좀 피곤하진 않으셨어요? 그게 보이고 느껴졌다는 건, 아무래도 신경 쓰게 되고 여러 가지 것들이 섬세하게 포착이 된다는 거잖아요. 그런 게 스스로에게 피로감으로 오진 않았나요?

이것이 제게 굉장히 큰 힘듦이었죠. 감정을 읽는 센서를 닫아 두고 쓸 때만 열어야 하는데 센서가 과잉 상태로 아무 때나 "삐 뽀삐뽀"하는 하는 거죠(웃음). 저는 이걸 날카로운 검이라고 표현하는데요, 당시 보검이 저에게 주어져 있는데 칼집은 없었던 셈이에요. 제가 그것을 다룰 수 있는 능력이 없었던 거죠. 이 보검을 가지고, 사용을 잘 못하니까, 나도 찔리고 상대방도 찌르고 그랬던 것 같아요. 그런데 그 보검을 쓸 땐 너무나 가치 있고 좋거든요. 누구에게나 보검이 있는데 이게 뭔지 모르는 경우가 많아요. 그래서 스스로를 괴롭히곤 하죠. 분명히 쓰임은 있는데, 이 보검이 뭔지는 잘 모르겠고…

굉장히 좋은 표현이네요.

저는 칼집을 만드는 데 오랜 시간을 썼던 것 같아요. 우선 이 칼이 뭔지를 알아야 해요. 저한테는 그게 '공감'이란 능력이었어요. 보통 힘든 사람은 자기 힘든 마음을 밖으로 내색하고 싶어 하지 않잖아요. 다 숨기고 싶어 하죠. 저는 상대가 억지로 웃는 걸 보면 우는 마음이 보이니 자연스럽게 그것까지 배려하면서, 그런 두려움과 수치심을 배려하면서 만져주곤 했죠. 그런데 사실 저 자신도 밖으로는 웃고 있었지만, 마음은 많이 아팠거든요. 그런데 아무도 저처럼 안 해주더라고요. 아무도 저처럼 공감해주지 않았어요. 그게 정말 외로웠어요. 제가 공감해주는 기준이 90점이면, 나에게 해주는 점수가 최소한 70점 정도의 수준 정도라도 되면 좋겠는데, 다른 사람들은 공감하는 능력이 20점도 안 되는 거죠. "뭐 그런 거 갖고 아파하나?" 그러면서 제대로 듣지도 않고… 턱없이 공감을 못 해주니까 너무 외로운 거예요. 그런 시간이 오래 오래 흘렀고, 심리학도 공부하고, 상담도 공부하고, 그렇게 여러 가지 방법으로 내 마음속을 다루었어요. 그리고 결국 코칭을 만나면서 제가 깨닫게 된 건 '아, 겉으로 웃는 사람을 보면서도 마음속의 아픔을 알 수 있는 능력, 그 '공감능력'을 가진 것은 다른 사람이 아니고 바로 나구나…' 그걸 깨달은 거예요.

그게 뭐죠? '나구나…'라는 말이.

90점 정도로 잘 공감해야 한다, '이 정도 수준은 해야 한다'는 기준을 가진 건 바로 '나'였다는 거죠. 그동안 '넌! 우리 가족은! 아버지는! 애인은 왜! 나처럼 공감 안하지?' 그러면서 살았거든요. 그런데 생각해보세요. 세상 사람들이 모두 재미있게 웃다가 갑자기 "너 웃고 있지만 사실 깊은 곳에선 마음이 아프지?" 이런

다면 정말 무서울 거예요. 사실 웃는 건 웃는 걸로 들어야 하잖아요. 세상사람 모두가 저처럼 '웃는 걸 보면서 내면의 울고 있는 마음을 본다면' 세상은 울적할 거예요. 그런 세상은 상상하면 안 돼요.(웃음) '아, 그게 나구나. 내가 잘 하는 거구나. 아, 이건 나의 능력이구나. 아무나 할 수 있는 게 아니구나'를 깨닫게 된 거죠.

　그러면서 감사하게 됐어요. 이건 내가 받은 선물이구나! 이 능력이 어떻게 생겨났는지는 모르겠지만요, 저는 형제가 넷인데 다 저 같진 않거든요. 다 다른 영역을 가지고 있어요. 어느 정도 타고난 것도 있는 것 같고, 훈련된 부분도 있죠. 제가 잘한다고 생각하면서 이젠 다른 사람에게 기대하기보다는, 제가 가진 부분으로 기여하기 시작했어요. 사람들은 보통 자기가 잘한다고 생각하면 그걸 가지고 가르쳐주기 시작하잖아요. 내가 달리기를 잘하면 달리기를 잘 못하는 사람한테 "너 왜? 그것밖에 못해!"라고 안 해요. 예를 들어 자기가 '라면을 정말 잘 끓인다'라고 생각하면, 주변 사람들에게 잘 끓여주고 싶어지죠. 왜냐하면, '내가 잘한다'는 인식이 있기 때문이에요. 이게 나니까, 너한테 기대하지 않는 거죠. 박태환 선수가 초등학생 선수한테 "너 왜 나처럼 수영을 못하니?"라고 하지 않는 것처럼요. 왜냐면 그건 아무나 할 수 있는 게 아니잖아요. 내가 가치 있게 여기고 잘 하는 거니까 제가 그 공감이란 능력을 사용해서 코칭하기 시작했어요. 사람들은 너무 좋아했죠. 저처럼 깊이 마음을 공감해주면 좋을 수밖에 없으니까, 사람들은 그래서 다시 저를 그들의 방식으로 사랑해 주더라고요. 저도 그 사랑을 받아서 기뻤고요.

예전처럼 내가 요구하던 사랑의 방식이 아니더라도, 다른 식으로 나한테 채워졌다는 거죠? 예전엔 나와 같이 똑같이 들어주기 원했다면, 이제는 그런 것이 아니라 다른 방식으로 온 사랑도 사랑으로 받아들일 수 있게 됐다는 거죠?

예, '아 이게 나구나…' 이제부터는 센서를 아무 때나 쓰지 않도록 꺼두는 거죠. 꺼놓는 연습을 한 거예요. 칼을 쓸 때만 쓰고, 쓰지 않을 때 칼집에 잘 넣어 놓는 것처럼, 살다가 써야 될 때, 진짜 써야 할 때 칼을 꺼내는 거죠. 그렇게 훈련이 된 것 같고요. 이게 좋은 이유는, 예전에 제가 상사를 모실 때 '아니 리더가 이것도 몰라? 자기가 말한 것 때문에 사람들이 상처 받은 것도 몰라?'라는 마음으로 날카로운 칼을 리더에게 들이밀었던 것 같아요.

제가 이걸 깨닫고 나서는, 리더가 누구한테 상처를 주고, 부하 직원들이 힘들어하면, 가서 "아까 말씀하신 것 때문에 그 사람이 상처를 받은 거 같은데 위로해주면 좋을 것 같습니다"라고 조언을 드리게 됐죠. 그러면 리더들은 "아 고마워, 고마워"라는 반응들을 하더라고요. 제가 공격하는 것이 아니라 부족한 영역을 도와주는 사람이 된 거예요. 그 리더 분은 공감은 못하지만 추진력이 있는 분이었거든요. 알고 보니 저하고 잘 맞는 사람은 추진력 있는 사람이더라고요. 제 아내 역시 공감능력은 별로 없지만 직관적으로 말해주는 편이에요. 사실 같이 마음 편히 살려면 덜 공감해줘야 해요. 사는 건 서로 그저 편해야하니까요!(웃음)

한 가지 사례를 말씀드리고 싶은데, 제가 예전에 모셨던 상사가 정말 경청을 못 하는 분이었어요. 그 분은 자신한테 오는 사람을 절대 막지 않아요, 새벽 3시에 불러도 올 정도로 사람들을 사랑하는 마음이 뜨거워요. 본인이 독감에 걸려도 나올 분이죠. 그런데 막상 만나서 대화를 하면 1분 듣고 30분 이야기하는 스타일이었어요. 말도 잘 하고, 탁월함도 있고, 이 분이 사람들을 아낀다는 게 느껴지긴 해요. 그런데 그 분의 이야기가 과해지기 시작하면서 대화 자체에 질려버리는 거죠. 그 분이 보인 태도에 내가 너무 과도한 나의 기준을 부여하는 건가? 헷갈릴 때가 있어요. 이런 분은 어떻게 바라봐야 할까요? 경청의 관점에서 본다면요.

일단은 경청을 그렇게 느끼셨다는 건 작가님만이 가지고 있는 경청에 대한 어떤 기준이 있는 거죠. 그분은 그렇게 하실 수 없는 분인 거고요. 그분이 바뀌면 좋은데 타인은 내가 바꿀 수 없어요. 부모가 막 뭐라고 하는 것도, 의도를 들으면 사랑 그 자체에요. 아마도 작가님이 말한 그분은 말을 사랑이라고 생각한 거예요. 내가 말해주는 게 그 사람을 도와주는 거라고 생각하는 거죠. 보통 사랑하면 이런저런 말을 쭈욱 늘어놓잖아요. 그 정도가 지금의 우리가 갖고 있는 인식인데, 지금은 정보 과잉의 시대이고, 정보가 너무 많아서 고통을 받는 시대죠. 누군가 또 정보를 입력하는 게 고통인 거예요. 말을 해주는 것 자체가 고통을 주는 거라는 **인식이 필요해요.** 결국 그분은 사랑은 있는데 사랑을 전하는 기술은 부족하다고 생각합니다.

　전 보통 사람들이 제게 질문을 하더라도, 열 명 중에 아홉은 질문하는 게 아니라고 생각해요. 답답하니 타인에게 질문을 하지만, 사실 스스로 생각을 정리하고 싶은 거죠. 질문하고 스스로 마음을 정리하기 원하는 사람이 대부분이라고 봐요. 그런데 사람들은 보통 '상대방이 진짜 질문을 해오는 구나'라고 생각해서 말해주기 시작해요. 사실 그런 지식 정보들은 요즘은 유튜브에 가면 제일 많이 있습니다. 우리가 사는 시대는 정보 과잉의 시대잖아요. 이제는 정보가 없어서 고통을 받는 시대가 아니라, 정보가 너무 많아서 고통을 받는 시대죠. 우리가 누군가에게 또 하는 말이 고통을 줄 수 있고, 큰 도움이 안 될 수 있다는 거죠. 결국 이젠 질문하고 듣는 방법밖에 없다고 생각합니다.

　요새 청소년을 자녀로 둔 부모가 가장 답답해하는 게 이런 부분이에요. 요즘 대학입시는 정말 정보를 잘 알아야하는 정보 전쟁입니다. 그래서 부모들이 열심히 무언가 알아와서 자녀에게 알려줍니다. 부모가 알려준 대로 해야 실제로 대학에 가거든요. 그런데 애들이 들어먹지 않는 겁니다. 답답한 부모는 반복해서 자녀에게 말을 하게 되고, 그러다가 결국 싸우게 돼요. 초등학교 때까지야 "집 나가!" 하면 "죄송합니다"라고 말하며 부모 말을 듣거든요. 그런데 중,고등학교 때는 "집 나가!" 하면 진짜 집을 나갑니다. 이러니 부모들이 이도 저도 못하는 거죠. 그래서 요즘 부모들이 자녀 때문에 미치는 거예요. 너무 소중한 존재니까 자꾸 해줄 이야기가 많아지고, 그러다 보면 아이도 반항하기 시작하고. 그렇게 한 집안이 난리가 나는 거죠. 이젠 질문하고 들어서 스스로 찾아가도록 돕는 것이 방법이라고 생각해요.

한번은 세미나를 마치고 예비역 청년이 저한테 왔어요. 8주 과정 세미나였는데, 저보고 너무 감사하다고 하는 거예요. 뭐가 고맙냐고 묻자, "저는 교회에서 만난 청년들을 너무 사랑해서 후배들 밥도 사주고 챙겼어요"라는 거예요. 자기 딴에는 너무 사랑하니까 후배들한테 해줄 이야기도 많았다고 해요. 그래서 이런저런 이야기도 해주고, 많은 것을 가르쳐 주었다고 해요. 그런데 후배들이 점점 자기를 멀리 하고, 오히려 사이가 안 좋아지고. 그러다보니 너무 큰 상처를 받은 거죠. 후배들을 사랑해서 돈은 돈대로 시간은 시간대로 썼는데 말이죠. 그런데 강의를 들으면서 후배들을 대하는 방식을 바꾸기 시작했대요. 후배들에게 질문하기 시작하고, 들어주기 시작하니까 후배들이 피하지 않고, 좋아하더래요. 사랑이 사랑으로 전달되기 시작한 거죠. 부모들의 자녀를 향한 사랑이 사랑으로 전달이 되어야 하는데 아쉽습니다. "공부해!" 할 때는 그 아이가 진짜 잘 됐으면 하는 부모의 깊은 사랑인데 말이죠. 사실 요즘 애들은 너무 많은 정보에 시달리고 있고, 너무 많이 알고 있어요. 그러니까 이제 질문하고 들어야 해요.

듣다보니 질문이 생겼어요. 그렇다면, 좋은 질문은 뭘까요? 예를 들면, 제 경우는, 10년 전만 해도 누군가에게 질문할 때 두려움이 없었거든요. 궁금하면 물어봤어요. "전공이 뭐야?" 이런 식으로. 어찌 보면 소통이 편했어요. 10년 정도가 흐르고 나서, 좋게 말하면 상대방을 배려한다는 명목으로 질문 자체가 머뭇거려지기도 하고, 소통도 뭔가 어려워졌어요. 그렇다면 좋은 질문은 뭔가? 좋은 질문을 고민하다 보면 대화가 막혀버리기도 하고요. 대체 좋은 질문은 뭘까요?

좋은 질문은 좋은 경청에서 나오게 됩니다. 그렇다면, 좋은 경청은 무엇이냐? 첫째는 내가 상대방을 온전히 이해할 수 없다는 겸손에서 나옵니다. 원래 우린 상대를 이해할 수 없잖아요. 그걸 인정하는 겸손. 상대가 상상하는 것을 우리가 그대로 똑같이 상상할 수 없죠. 가령, "컵 모양을 상상해보세요"라고 하면 각자 상상하는 컵 모양이 다 다르잖아요. 사람이 말할 때 컵 모양을 상상하고 컵이라고 이야기할 때, 저마다 상상하는 컵 모양이 다르거든요.

하물며 그 사람이 자신의 인생을 이야기했는데, 내가 잠깐 듣고 쉽게 판단하고 조언한다면 그건 잘못된 일일 겁니다. 우린 사실 서로 다른 걸 상상하면서 서로 이야기하고 있는 겁니다. 계속해서 오해를 줄여갈 뿐 상대를 이해할 순 없는 거죠. 연인들이 싸울 때 이렇게 말하곤 하죠. "내가 어제 그렇게 말했잖아!" 그럼 상대는 "너가 언제 그렇게 말했어!" 우리는 서로에게 말은 했지만,

경청이 무엇인지
궁금해하는
그대에게

상대에게 말이 그렇게 전달이 되지가 않은 거죠. 가령, 주부들이 남편한테 마트에서 무언가를 사오라고 하면 남편들은 생각지도 못한 것을 사오잖아요.(웃음)

　나는 나만의 컵을 상상하며 상대에게 이야기했지만, 그 사람은 전혀 다른 컵 모양을 상상하고 있는 거죠. 그러니까, 내가 결코 상대방을 이해할 수 없다는 겸손함. 내가 그 현실을 인식했을 때 판단하지 않고 내 생각을 내려놓을 때, 비로소 '보물을 같이 찾아갈 수 있는 탐험'이 시작될 수 있다고 생각해요. 같이 여행을 가는 거죠. 같이 가면 상대에게 물어봐야 해요. 내가 모른다는 것이 사실 앎의 첫 번째 단계입니다. 모르는 건 모르는 거죠. 내가 모른다는 걸 알아야 해요. 여행을 떠나면 끊임없이 질문을 해야죠. 내가 처음 가는 지역에서 아는 사람처럼 행동하면 안 되잖아요.

　함께 여행을 하려면 함께 질문을 던지고 함께 찾아가야 해요. 그러려면 먼저 내가 모든 것을 알아야 한다는 부담감을 내려놔야 해요. 그 부담감이 있으면 부모로서, 선배로서, 리더로서, 또 전문가로서 상대에게 답을 막 주게 됩니다. 내가 다 알아야 한다는 부담감 속에서요. 같이 질문하고 듣고, 그런 전제가 첫 번째 인 것 같아요. 그렇다면 어떠한 질문이든 상대방을 배려하면서 듣게 되거든요. 판단 자체가 사라지기 때문에, 정답 자체가 없는 질문인 거죠.

방금 말씀하신 겸손함이란 게 와 닿네요. 그런데 사실 오래된 사이일수록 겸손함을 갖고 들어준다는 게 힘든 것 같아요. 오래 지내면 상대방에 대한 편견이 생겨나고, 이 사람에 대해서 잘 알고 있다고 착각하게 되잖아요. 특히 부모 같은 경우도 자녀에 대해 '내 자녀는 이러이러한 애'라고 판단한 상태기 때문에, 겸손함으로 듣는다는 게 굉장히 힘들어지죠. 물론 그 반대의 경우도 마찬가지일 테지만, 어찌 보면 겸손함으로 듣는 거 자체가 엄청난 도전 아닌가 싶어요. 굉장한 훈련이 요구되는 도전인 거죠.

"좋은 질문은 좋은 경청에서 나오게 되거든요.
그렇다면, 좋은 경청은 무엇일까요?
첫째는 내가 상대방을 온전히 이해할 수 없다는 겸손에서…
원래 우린 상대를 이해할 수 없잖아요.
그걸 인정하는 겸손에서 나옵니다."

경청이 무엇인지
궁금해하는
그대에게

경청 자체가 끊임없는 근육훈련이라고 봐요. 특별히 자신의 가족을 경청하는 일은 거의 300kg짜리 바벨을 드는 일이라고 생각합니다.(웃음) 정말 어려운 일이죠. 남의 일이 아니기 때문에 객관화도 안 돼요. 가족의 이야기를 들으며 느끼는 감정 속에 함몰 되어 버리게 되죠. 객관화가 안 되고, 자꾸 상대를 판단하고, 조언하게 됩니다. 그걸 하지 않고, 견뎌낼 수 있는 훈련을 얼마나 하느냐가 중요해요. 마음속으로 상대에 대한 판단하는 생각이 들었을 때 "그… 래. 너는 그렇게 생각했구나?"라고 속으로 꾸욱 참으며 판단을 내려놓고, 대신 질문해주는 근육훈련을 끊임없이 해야죠. 제가 데드리프트라는 운동을 한 적이 있어요. 처음 바벨을 들었을 때 40kg짜리를 드는데 등짝이 부서질 것 같았어요. 그런데 트레이닝을 하다 보니 나중에는 150kg짜리도 들 수 있게 되었어요. 반복된 훈련의 결과인거죠. 우리가 인생에서 가장 행복을 느끼는 것은 가족이나 친구와의 소중한 관계인데, 이것을 위해서 훈련할 생각을 하진 않아요. 다른 발전을 위한 훈련들은 엄청나게 하면서 가장 나에게 소중한 관계는 그냥 당연히 된다고 생각하는 거죠.

사랑은 끊임없는 훈련과 인내와 소통을 통해서 얻을 수 있는 과정이라고 생각해요. 처음부터 이걸 얻을 순 없죠. 코치들끼리 하는 이야기가 있어요. "마스터 코치도 자기 가족은 코칭을 잘하지 못 한다"라는 말이에요. 어디서 감히 누가 자기 아내를 코칭하겠어요.(웃음) 계속 경청하고 질문하려고 노력할 뿐이죠. 그 노력이 사랑으로 전달될 때, 그 사랑이 다시 내게 돌아오는 겁니다. 보통 우리들은 서로에게 짐을 지워줘요. "너는 왜 그러냐?"라는 식으로요. 보통 다르기 때문에 사랑을 하는데, 다르다는 이유로 헤어지게 되는 거죠. 헤어지는 것에 대해서 판단하자는 게 아니라, '다름'을 인정하는 것을 배워가야 한다고 생각해요. 연세가 지긋한 분들이 모이는 곳에 강의를 하러 가면 배우게 되는 게 많아요. 보통 젊은 분들이 모이는 곳에 강의하러 가면 남편에 대해서 기대하는 바가 정말 많거든요. 하지만 어르신들에게 "여러분, 남편들이 변하세요?"라고 물어보면 "아이구 변하긴 뭘 변해 그냥 평생 같이 살다가 죽는 거지" 거기서 배우게 되는 건 상대가 변할 수 없고, 내가 상대방을 받아들여야 한다는 것을 배우게 되는 거죠. 저는 그것 자체가 근육이라고 생각해요.

한편으론 변할 수 없다고 여기지만 또 다른 한편으로 변화의 가능성에 대한 기대가 있어야 경청할 수 있는 거 아닌가 싶어요. 정말 변할 수 없다는 생각을 갖고 듣게 된다면, 그것을 과연 견뎌낼 수 있을까 싶거든요. 변할 수 없다는 것을 철저하게 받아들이지만, 또 희망적인 소망이 있어야 경청이 이뤄지지 않을까 싶거든요. 이 둘 사이의 긴장감. 제 생각이 맞는 건가요?

너무 잘 말씀해주셨어요. 그런데, 변할 수 없는데, 그렇다면 그건 원래 무엇일까요? 원래 상대는 그런 (놀라운) 존재인 겁니다. 원래 그 존재가 놀라운 가능성 그 자체인거죠, 성서의 말로 표현하면 상대는 놀라운(wonderful) 존재인 겁니다. 그(녀)도 자신을 모르고, 나도 그(녀)를 모르고 있는거죠. "나도 나를 모르는데 네가 나를 알겠느냐"라는 말이 있는 것처럼(웃음). 나도 나의 놀라움을 모르는 거죠. 사실 누구에게나 각자 가진 내면의 가치와 놀라움이 있는데 모르고 있어요. 누구나 자기 스스로가 이 놀라움을 경험하면 기쁘고 만족스럽고 이걸 어떻게 사용할까, 생각하게 되는 거죠. 저는 이게 진정한 변화라고 생각합니다. 스스로의 원더풀함, 놀라움을 깨닫는 거죠. 상대방을 "자꾸 넌 왜 그러니" 그렇게 바라보면, 바꾸어야 하는 안 좋은 존재라고 자꾸만 인식하게 되는 거죠. 자녀에게 "너는 왜 그러니" 하면 자녀 입장에선 '아, 나는 이렇게 저렇게 해야 한다는 소리를 들어야 하는 한심한 존재구나'라는 비언어를 듣게 되거든요.

경청은 상대방 안에 있는 놀라움을 찾아가는 겁니다. 그게 10년이든 20년이든. 그걸 듣고 그걸 찾아가는 여정인거죠. 그게 코칭의 여정입니다. 상대방을 진정으로 가치 있는 사람으로, 놀라움으로 볼 수 있느냐. 상대를 판단하며 색안경으로 상대방을 보지 않는 거죠. 결국 그 색안경으로 나 자신도 보게 됩니다. 많은 사람들이 그 색안경을 쓰고, 이미 평생을 컸어요. 세상을 파란 안경으로 보면 파랗게 보이고, 빨간 안경으로 보면 빨갛게 보이잖아요. 결국 그 안경으로 나 자신도 보는 거예요. '나는 왜 이럴까, 나는 왜 이렇게 한심하지?' 이런 시각을 가지고 다시 자녀를 양육하게 됩니다. '너는 왜 이러니?' '누구 닮아 이러니?'
자기가 색안경을 쓰고 끊임없이 자기를 괴롭힌 대로 자녀를 대하는 겁니다. 부모가 스스로를 가치 있게 스스로를 본다면, 그 눈으로 자녀도 가치 있게 보게 되는 거죠. '이 아이는 놀라운 애야' 그렇게 바라본다면 지금 자녀가 보여주는 당장의 모습을 뛰어넘어 바라보게 되고요. 물론 이게 쉽다는 건 아닙니다. 왜냐하면 가족은, 내가 더 마음이 아프기에 자꾸 이야기를 해주게 되니까요. 좀 더 멀리서 객관화되면 "음… 그럴 수 있어"라고 말하며 함께 존재해 줄 수 있게 됩니다. 이것이야말로 어떤 것보다 큰 언어라고 전 생각해요.

예를 들면 누군가 '아 힘들어서 죽을 것 같아!' 라고 말할 때, "괜찮아, 넌 할 수 있어! 힘내" 등등의 많은 말보단 그냥 평안히 바라볼 수 있는 것이야말로 당장은 깊은 공감이라고 안 느껴져도 정말 좋은 자세라고 봐요. '자녀에게는 엄마의 얼굴이 세상이 다'라는 말이 있잖아요. 아이가 태어났을 때 엄마가 웃어준다면 아이에겐 그 웃는 얼굴이 세상인 겁니다. 그게 전부죠. 반대로 부모가 계속 짜증내고 우울해하면 그게 아이에게는 세상의 전부일 거고요. 진정한 변화는 그렇게 함께 존재해주는 데서 오는 겁니다. 무슨 말을 해준다든지 판단을 한다든지, 거기서 오지 않는 거죠. 믿음대로 된다는 성경 구절은 저에게 감명이 돼요. 내가 상대에 대한 굳은 믿음을 가지고 그냥 있으면 됩니다. 오히려 부모님들에게 이야기해드려요. 자녀가 이상한 짓을 해도 크게 반응하지 말고 있어 주세요. 그냥 있으면 자녀들이 더 무서워합니다. '아빠, 엄마가 왜 아무 말도 안하지?…'라면서요 (웃음)

경청이 무엇인지
궁금해하는
그대에게

오늘 정말 좋은 이야기가 폭포수같이 쏟아지네요. 마지막으로 한 가지만 질문 드리도록 할게요. 초반에 하신 말씀, 코치님은 경청 DNA가 있으신 편이잖아요. 선천적이든 후천적이든. 그런데 타고나게 그 DNA가 없는 사람도 있는 건가요?

저는 어느 정도는 그럴 수 있다고 생각해요. 그러나 훈련을 통해서 더 잘할 수 있다고 생각해요. 사실 오히려 예민할수록 오랜 훈련이 필요할 수도 있고, 무딘 사람들은 그냥 또 자연스럽게 누군가의 이야기를 들어줄 수 있거든요. 저는 생각을 전환하게 되면 더 잘할 수 있다는 생각해요. 상대를 보는 방식을, 사고를 바꾸는 거죠.

아, 그리고 이 이야기는 좀 다른 이야기일 수 있지만, 전 선천적으로 반응을 덜 해야 할 때 반응을 많이 하는 사람이거든요. 공감을 좀 더 안 하려고 노력하는 스타일입니다.

아, 그건 무슨 말이죠?

가령, 상대가 힘들어할 때 옆에서 "힘들구나, 힘들구나" 하면 힘든 마음이 더 강화되기도 하거든요. 새가 알 속에서 답답해할 때, 이건 그냥 기다림을 통해서, 그냥 함께 있어 줌으로 인해서 이겨낼 수 있는 거잖아요. "아, 힘들겠다"라는 식의 말을 하지 않는 게 도움이 될 수 있어요. 그냥 꿋꿋하게 함께 있어주는 거죠. 그냥 그 존재와 함께 있어주는 거예요.

정진 코치에 대하여…
조예진(학생, 고등학교 2학년)

후기를 써달라는 부탁을 받았을 때는, 아직 고등학생인 제가 후기를 써도 되는지에 대해 아주 잠깐 고민했습니다. 나중에 후회하지 않을까, 항상 부정적인 쪽으로 생각하는 나쁜 버릇이 "좋다"라고 말하려는 저를 주저하게 만들었습니다. 하지만 답은 이미 정해져 있던 것이나 마찬가지였죠.

처음 정진코치님을 소개받게 된 건 잠시 다녔던 수학학원을 통해서였습니다. 당시 저는 세간에서 말하는 '중2'였고(실은 기억이 정확하지 않아서 얼버무린 것임) 그저 '한 사람으로서의 자신'과 '관계의 일부로서의 저' 사이에서 굉장한 괴리감을 느끼며 힘들어하고 있었습니다. 솔직히 말하면 누구에게든 털어놓고 '

자신'을 풀어놓고 싶은 마음으로 코칭을 시작했습니다.

코칭을 처음 하기로 했을 때는 별 기대 같은 건 없었습니다. 예전에도 심리관련 문제로 찾아다녔던 곳이 있었고, 성과는 미약했으니까요. 당시 저는 독설가였고, 친구들로부터 "시비 거느냐"는 말을 듣곤 하는 아이였기 때문에 코치님이 저를 받아들일지 걱정하고 경계했습니다. 일대일로 잘 모르는 남자와 만나서 인생에 관해 논한다는 게 익숙하지 않기도 했었으니까요. 그래서 처음에는 코치님을 "아저씨"라고 불렀던 웃픈 일화도 있습니다.

하지만 코칭을 이어갈수록, 코치님은 저를 전부 이해하지 못하더라도 이해하려고 진심으로 노력하고 있다는 것을 깨닫게 되었습니다. 코칭 방식은 거의 상담과 대화였고 교우관계의 고민이나 진로에 대한 고민, 가족과 관련된 고민까지 방향은 난잡하고 다양했지만 코치님은 가능한 진지하게, 그럼에도 분위기를 무겁게 하지는 않으면서 기꺼이 상담해주셨습니다. 꾸준히 저와 코치님의 거리는 줄어들었고 코치님은 제 인생의 전환점을 이야기할 때 빠질 수 없는 분이 되었습니다.

저의 꿈은 원래 교사였지만 7년간 지켜오던 꿈은 흔들리고 있었고 방황하고 있었습니다. 정말 교사가 되고 싶은 걸까, 혼자 고민했지만 답 내리기를 언제나 유보했습니다. 당시 저는 책 읽는 걸 좋아했지만 책을 보다가 마음에 든 문구를 적어두거나 생각나는 아이디어를 설정만 몇 줄씩 적어놓은 게 다였습니다. '소설을 쓰고 싶다'고 마음속 어딘가에서 생각했지만 그것이 현실적이라고 여기지 않았습니다.

하지만 코치님은 제 포부나 생각을 알게 되자 적극적으로 이야기를 써보라고 권하셨고 제 비루한 이야기에도 항상 감탄해주셨습니다. 직접 작은 책 같은 것을 만드는 프로젝트를 가져와서 권하셨고 언제나 제 재능과 역량을 끌어내는 데 도움을 주셨습니다. 코치님은 점점 저를 친구처럼 대해 주셨고, 기대를 걸어 주셨습니다. 물론 코칭을 끝낸 지금까지도 코치님은 제게 지속적인 관심과 응원을 던져주고 있습니다. 저는 그런 응원 덕에 꿈을 놓지 않고 고등학교에서 문예창작 동아리에 들어가 미약하지만 정말 창작활동이라고 하는 것에 손을 대보고 있습니다.

제 후기를 마무리하고 저의 짧은 식견으로 제가 본 코치님에 대해 묘사하자면, 코치님은 적어도 한 명의 인생을 바꿀 수 있는 분이셨고, 당연히 더 많은 사람들의 삶에 긍정적인 영향을 줄 수 있는 분임에 틀림없습니다.

Chapter. 2

보물을
찾고 싶은
그대에게

"당신은 언젠가 죽는다. 좀 뻔한 얘기지만 혹시나 당신이 깜빡했을까 봐
하는 말이다. 오늘과 그날 그 사이의 짧은 기간동안, 당신이 쓸 수 있는
신경은 얼마 안 된다. 사실, 아주 적을 거다. 그러니 생각없이 사사건건
신경 쓰며 돌아다니다가는 결국 험한 꼴을 당하고 말 것이다.

- <신경끄기의 기술> 중에서

오늘 인터뷰 전, '세바시'를 통해 '경청'에 대한 한 강연을 보았습니다. 분쟁 조정을 주로 하는 변호사가 들려주는 이야기였는데요. 결론은 '경청의 중요성'이었어요. 이 변호사는 주로 '큰 재정이 걸려 있는 소송'에 관련된 사람들을 만나는 분이었습니다.

한편으로 코치님이 주로 만나는 대상은 이 변호사와는 다를 것 같다는 생각을 했습니다. 그렇게 보면, 만나는 대상에 따라서 '좋은 경청의 길'도 좀 다르지 않을까 싶었고요. 그러면서 제 안에 생긴 질문은 이러합니다. 제가 코치님께 들었던, 그리고 지금 듣고 있는 경청에 대한 이야기를 다른 장소에서, 다른 사람들에게도 적용할 수 있을까요?

저는 기본적으로 '인간의 존재와 함께함'이라는 측면에서 봤을 때, 큰 차이는 없을 거라 생각해요. 저도 CEO나 직장인들을 만나거든요. 아무래도 비즈니스는 좀 더 치열하고, 시간이 충분하지 않다고 생각합니다. 어떤 분들은 30분에서 1시간 안에 코칭을 마쳐야 하거든요. 충분한 경청보다는 문제 해결 중심으로 진행되는 경우가 많았어요. 우리나라 청소년들도 코칭 할 때 시간이 없어서 시험성적을 좋게 만드는 데 더 집중해야 할 때가 있습니다. 존재적인 질문 보다는 말이죠.

코칭에서의 가르침을 좀 살펴보자면, 경청의 첫 번째 단계는 내 마음대로 듣는 것입니다. 두 번째 단계는 상대 중심으로 듣는 거죠. 가령, '음… 아… 그렇구나' 등의 추임새를 맞추며, 눈을 맞추고, 또 고개를 끄덕이는 것입니다. 이건 세일즈에서 정말 많이 쓰이죠. 사실 경청은 세일즈영역에서 더 많이 대중화 시켰거든요. 상대중심의 경청은 정말 강력합니다. 세 번째가 바로 존재적, 직관적 경청입니다. 상대방의 말을 넘어서 그 감정과 진정한 의도나 가치, 가능성과 탁월함을 듣는 거죠. 결국, 던져주신 질문에 답하자면 '경청의 본질'은 대상에 따라 크게 다르지는 않습니다.

CEO나 일반 직장인들과의 코칭에서 경험한 에피소드 같은 걸 듣고 싶네요.

사례들을 소개드리자면 어떤 CEO는 코칭 할 때 더 이상 어떤 질문이 필요가 없었어요. 사실 기업이라는 게 전쟁터잖아요. 저는 그를 거기서 생존하고 있는 선수라고 보았고요. 그냥 만나서, 사실 거의 얘기할 필요가 없었습니다. 그를 지지해주고, 격려해주고, 또 함께 있어주면 되었어요, 그러고 나서, 그분께서 "아, 다시 힘내서 해봐야겠네요!"라면서 코칭을 마무리하는 거죠. 그런 행위 자체가 그분에게 회복을 주면서, 그 순간의 고비를 넘길 수 있는 힘을 주더라고요.

코칭의 철학은 "누구나 자기 안에 답을 가지고 있고, 스스로 찾기 원한다. 그런데 파트너가 필요하다"입니다. 저도 파트너 없이 혼자 고민하게 되면 제 생각 속에만 잠기기도 하거든요. 제가 코칭 하는 아티스트가 있는데, 그 아티스트의 경우 자신의 앨범이 몇 년째 계속 안 나오는 거예요. 왜 미뤄지는가를 보니, 그 분의 가치는 '연습, 그리고 탁월함'에 있더라고요. 그 경지에 오를 때까지 계속 연습하는 거죠. 그 경지에 오르기 전에는 음반을 내고 싶지 않은 거예요. 사실 "아무렇게나 해서 앨범을 내!" 그럴 수 있잖아요. 그런데 그건 맘에 안 드는 거예요. 같이 이야기하고, 그분의 가치를 정리했어요. 또 팬의 입장에서도 이야기를 나누었고요. 어느 정도 가치를 추구하면서도, 대신 나만의 만족이 아닌 팬을 위한… '일반인들은 들어도 모르는 차원의 연습이 아닐까? 전문가들만 알아챌 수 있는 수준을 높이기 위해 너무 오랜 시간을 노력하는 것 아닌가?' 그런 부분에 대해서 함께 인식을 가지고, "앨범을 기다리는 팬들을 위해서라도 이번에 녹음해서 음반을 내면 어떻겠느냐?"라고 제안해서 앨범을 내보자는 이야기를 나눈 거죠.

가치를 추구하면서도 팬들을 위한 방법을 만들어보는 거죠. 연습도 계속해 나가면서요. 그가 추구하는 가치를 이해하고, 또 결과를 내기위해 노력하니 성과(앨범)가 나오고 본인도 성취감을 느끼는 거죠. 그리고 그 아티스트의 가치와 재미 그리고 하고자 하는 일들을 PT발표 하듯이 정리해서 이야기해주었어요. "당신의 가치는 이것이며, 단순히 유튜브 조회수 올리려고 하는 사람들과 달리, 연습되고 훈련된 예술성을 담은 행복을 주는 음악을 하기 원한다"라고요. 그랬더니 너무 기뻐하는 거예요. 세상에서 자기를 알아주는 사람을 만난 거죠. 사람은 누구나 자기의 가치와 행복 때문에 살아가는데, 그것을 유지하면서 결과를 낼 수 있도록 도와주면 행복해 하는 거죠.

여기서 경청은 어떠한 문제를 듣는 것이 아니에요. '앨범이 오랫동안 안 나오고 있다'라는 문제에 집중하는 것이 아니라, 그 사람 안에 있는 가능성과 가치 등의 보물을 찾아 정리하는 거죠. 그리고 스스로 느끼게 해주고, '아, 나에게 이런 가치가 있었구나. 이제 팬들을 위해서 실제적인 결과물을 만들어야지.'라고 결심하게 되는 거죠.

결국, '현재의 내가 사랑하는 가치'를 들어줄 수 있는 경청이 가장 중요합니다.

살면서 누군가 나의 이야기를 진정성 있게 들어주는 경험을 갖는 건 쉽지 않습니다. 그 아티스트도 일종의 갈증이 생겨서 코치님을 찾았을 테고, 그런 코칭을 받은 사람들은 훗날 어딘가에 가서 누군가의 이야기를 경청해 줄 듯싶어요. 자기가 그런 맛을 알았으니까요. 경청이란 건 그렇게 선순환이 되지 않을까 싶네요. 제 생각이 맞을까요?

굉장히 정확한 생각입니다. 저 또한 고등학교 2학년 때 교회 선생님께서 제 이야기를 들어주셨어요. 들어주시고 또 들어주시고… 그 선생님의 경청은 저와 같은 기술과 연습으로 된 건 아니었어요. 들어주다가 본인의 이야기도 하셨죠. 돌아보면 제가 언제 전화해도 받아주셨어요. 그리고 그것이 희생이나 고통이 아니라 스스로의 기쁨이었다고 지금도 말씀하세요. 그렇게 선생님이 저의 존재를 받아주었던 경험이 어떻게 이어졌냐면 '아! 하나님이 나를 받아주시는구나'라는 경험으로 이어지더라고요. 사람을 통해서 사랑을 느끼게 되고, 그것을 통해서 하나님이란 존재를 경험하게 된 거죠.

경청을 받게 되고 자기 자신을 그렇게 받아들이게 되면 결국 남을 인정하게 됩니다. 그냥 다른 사람의 존재를 받아들이게 되는 겁니다. 억지로 하는 게 아니라, 내가 이거니까 상대방은 저거구나, 이렇게 자연스럽게 받아들이게 됩니다. 보통, "나도 너처럼 되어야 하고, 너도 나처럼 되어야 한다"라는 식의 갈등이 크잖아요. 부부 사이도 여기서 갈등이 시작되곤 합니다. 인생을 살면서 불안해지는 것도 이런 비교 때문이죠. 분명 서로 달라서, 그것이 매력적이어서 결혼했는데 다르다는 이유로 이혼하기도 해요. 서로 같이 공존하지도 못하고, 그렇다고 헤어지지도 못하는 상태로 머무르기도 하고요. 자기를 경청하면서 알아가게 되면, 상대방도 인정하게 되지 않을까 싶네요.

아, 너무 좋네요. 코치님은 직업적으로 코칭을 하시기 때문에 좀 다를 수 있지만, 경청했을 때 에너지가 소진되는 편인지 충전되는 편인지 궁금해요. 저도 누군가와 대화하면 경청 후 충만해지는 경우도 있고, 반대로 소진되는 경우가 있어요. 어제 제가 두 그룹을 만났는데, 한 그룹은 대화 후 에너지로 충만해진 반면 다른 그룹은 에너지가 쭈욱 빠지는 느낌이더라고요. 코치님은 어떠신가요? 직업적으로 경청해야 할 때도 많을 테니까요.

중요한 질문인 것 같아요. 일단은 누군가를 만나고 함께한다는 건 에너지가 들죠. 편안한 사람을 만나면 에너지가 덜 들고, 신경 써야 하는 사람을 만나면 에너지가 더 들게 됩니다. 그런데 결국 누굴 만나더라도 내가 편안할 수 있느냐, 즉 좀 더 경청의 용어를 쓰자면 '내가 나로 있을 수 있느냐'가 중요합니다. 그래서 코치들이 훈련을 계속 하거든요. 그래서 저는 누군가 만나기 전 미리 가서 조용한 시간을 갖는 편이에요. 그러면 마치 뒤집어 놓은 '스노우 볼'이 흔들리다 시간이 지나면 맑고 깨끗해지는 것처럼, 흔들어 놓은 듯한 제 머릿 속, 마음속이 차분해지면서 그저 나로 있을 수 있게 됩니다. 그저 나로 있으면, 상대도 자신으로 있을 수 있도록 할 수 있는데, 나도 나로 못 있는 상태에 있다 보면 머리가 복잡하고, 상대를 볼 때 복잡해지는 거죠. 에너지도 많이 들고요. 그저 경청하지 못하고, 내 생각으로 판단하고 상대를 바꾸는 데 에너지를 쓰게 되는 겁니다.

물론 당장의 코칭 이슈에 따라 존재에 집중하는 코칭이 있고, 또 단기적인 성과에 집중하는 코칭이 있다고 생각합니다. 빠른 시간 내에 성적을 내야 하는 코칭이 있는 거죠. 그런 코칭은 좀 더 공격적이긴 해요. 플랜을 짜고 결과를 내기 위해서 노력하죠. 하지만 둘 다 근본적으론 똑같습니다. 그 사람의 이야기를 내가 판단 없이 깨끗하게 그저 들을 수 있는가, 함께 있을 수 있는가, 그것이 중요해요. 〈몰입〉을 쓴 저자 '미하이 칙센트미하이'가 말하는 'FLOW' 상태, 즉 몰입의 상태 있잖아요. 한 연구 결과에 의하면 그 몰입의 상태와 명상의 상태를 비교했을 때 뇌의 상태가 동일하다고 합니다. 잡념이 없는 상태. 몰입된 상태. 오직 가치, 소중한 것에 내 모든 것이 들어간, 순식간에 시간이 지나가버리는, 경청의 끝 단계는 그 단계인 거죠.

즉, 그 사람의 인생이란 영화를 보고 있는 거죠. 함께 울고 웃고, 기대하고 소망하는 것, '내가 그 상태에 몰입되어 있는 것', 즉 중심을 잡는 겁니다. 전문 용어로 '센터링'이라고도 해요. 중심을 잡고 경청하는 거죠. 그 상태로 하루를 사는 겁니다. 아니면 여기 저기 내 생각이나 다른 사람의 말에 시달려서 살아야 하거든요. 경청도 그런 맥락에서, 몰입의 맥락에서 설명해야 하지 않나 싶어요.

"일단은 누군가를 만나고 함께한다는 건 에너지가 드는 거죠.
편안한 사람을 만나면 에너지가 덜 들고,
신경 써야 하는 사람을 만나면 에너지가 더 들고…
그런데 결국 누굴 만나더라도 내가 편안할 수 있느냐,
즉 좀 더 경청의 용어를 쓰자면
'내가 나로 있을 수 있느냐'가 중요합니다."

정말 좋은 표현이네요, 존재적 경청과 성과적 경청의 차이도 좋고요.

사실 그건 저의 구분이고요. '단기적인 결과를 추구하느냐? 그렇지 않느냐?'의 차이라고 봅니다.

그러한 차이는 코칭을 받는 소비자의 요구에서 오는 건가요?

그건 코치가 결정하는 것 같습니다. 단기적인 결과를 추구하면서 중장기적으로는 그의 존재의 목소리를 함께 들어가는, 상황에 맞는 코칭을 해나가는 겁니다.

다행히도, 지금 말씀해 주신 게 다 이해가 갑니다.(웃음) 코치님 이야기를 듣다 보니, 제가 방금 전 말한 두 그룹이 저에게 준 에너지가 달랐던 이유를 좀 알 것 같아요. 제 에너지가 더 소진된 그룹의 경우, 계속 대화할 때 서로 계산하는 느낌이었어요. 서로의 일상을 나눌 때 격려를 주고 받은 게 아니라, 경험이 많은 사람은 "아, 그건 이런 거야"라는 식으로 이야기하고… 물론 저희 모두 좋은 대화를 향한 열망은 있었겠지만, 서로 간에 뛰어넘지 못한 무언가가 있는 느낌이었거든요.

또 다른 그룹은 아무래도 가장 연장자였던 분의 스타일이 정말 구도자 같은 스타일이었어요. 수도자적 영성을 추구하는 분답게, 무슨 이야기를 하건 존재 그대로 받아 주시는 느낌이었거든요. 본인을 자연스럽게 노출하시고, 그래서 저도 편하게 저를 내놓게 되고. 반응에 대한 부담도 안 느꼈어요. 거의 4시간을 밥 먹고 대화했는데, 사실 남자들이 그렇게 장시간 대화하지 않잖아요. 그런데 에너지가 채워지더라고요. 그 만남 후, 가까운 동생을 만났는데 제 안에 축적된 에너지를 쓰고 올 수 있었어요. 코치님 이야기를 들어보니 이유를 조금은 알 수 있겠네요.

이어서 질문을 하자면, 경청을 잘 한다고 소문난 이금희 아나운서와 손석희 앵커 이야기를 하고 싶습니다. 이금희 아나운서를 보면 정말 경청하는 게 느껴져요. 물론 손석희 앵커도 경청을 잘하고요. 전 그러하기 때문에 여러 인터뷰이들이 손석희 앵커가 진행하는 뉴스를 찾는다고 봅니다. 그런데 그 둘의 듣는 태도는 완전히 다르다고 봐요. 손석희 앵커가 훨씬 더 공격적이라고나 할까요. 미국으로 눈을 돌려봐도, '오프라 윈프리'와 '래리 킹'의 느낌은 다르잖아요. 그렇게 봤을 때 '경청의 외적인 모습이 본질은 아니구나' 싶어요. 그렇다면, 경청이라는 원리와 경청의 외적인 모습간의 관계는 어떻게 봐야 할까요?

　작가님이 던져준 생각과 질문이 신선하면서도 즐겁네요.(웃음) 먼저 하고 싶은 말은, 경청이 전부이고, 또 질문이 전부라는 겁니다. 어떤 사람들은 "듣기만 해서 뭐 해요? 듣기만 하면 그 다음은요?"라고 묻기도 합니다. 그건 듣는 걸 자꾸 참는다고 생각해서 그런 것 같아요. 경청은 보물찾기잖아요. 그걸 찾기 위해서 또 질문을 던지는 거죠. 손석희 앵커는 아마도 이미 금광을 많이 캐 봤을 테고 이 금광이 어떠한 구조 속에서 숨겨져 있는지, 그 지도를 알 거예요. 자기도 몰랐지만 질문으로 상대의 의식을 뚫고 보물을 향해서 우직하게 가는 겁니다. 질문을 받는 사람도 "억?" 하면서 당황하지만 결국 정곡을 찔려서 답하게 되죠.

　질문이 중요해요. 수천 가지의 질문이 있지만 사실 하나의 질문으로 승부가 나거든요. 거기로 물줄기가 댐이 터져 나오듯 나오는 거죠. 가령, 코칭을 받던 어떤 사람이 어느 순간 뚜껑이 열려서 다음 주에 찾아오곤 합니다. 사례를 하나 들고 싶네요. 매일 실패감에 싸여 있던 사람이 저에게 "실패하지 않는다면 무엇을 하시겠어요?"라는 질문을 받고 "유학가고 싶네요"라는 답을 했거든요. 그런데 그가 일주일 만에 유학 준비 마치고 찾아오더군요.(웃음)

　재미있게 표현을 해보자면, 경청을 '레이더'라고 표현한다면 질문은 '미사일'이라고 이야기하고 싶어요. 일단 경청이 전부고요. 레이더를 통해 '무언가 파악이 됐다, 무언가 직감적으로 보인다' 하면 그 레이더에 미사일을 쏘는 거죠. 이금희 아나운서가 좀 더 감성적이라면 손석희 앵커는 좀 더 이성적으로 접근하는 거 아닌가 싶어요. 그렇지만 동일하다고 봅니다. 느낌은 다르지만요. 이성적인 사람은 오히려 이성적으로 접근해주기 바라고, 감성적인 질문을 조금은 불편해 하거든요. 하지만 감성적인 사람은 감성을 통하지 않고서는 이성으로 갈 수 없어요.

"경청이 전부인데도, 또 질문이 전부라는 겁니다.
어떤 사람들은 '듣기만 해서 뭐 해요? 듣기만 하면?'이라고
묻기도 합니다. 그건 듣는 걸 자꾸 참는다고 생각해서
그런 거 같아요. 경청은 보물찾기잖아요.
그걸 찾기 위해서 계속 질문을 던지는 거죠."

더불어, 좋은 경청을 위해서는 용기가 필요한 듯싶습니다. 손석희 앵커의 경우 게스트와 대화를 하더라도 그게 1:1 대화는 아니잖습니까? 시청자가 있고, 그걸 바라보는 방송국도 있고. 손석희 앵커를 봤을 때 그를 한 명의 사람으로 존경하게 되는 이유는, 계속해서 질문 앞에 직면하는 느낌 때문이에요. 인터뷰 대상자가 스스로 직면해야 할 질문을 머뭇거리고 있을 때, 심지어 인터뷰 진행자도 그러할 때, 손석희 앵커는 기어코 질문을 던지거든요. 질문을 던지는 그도 마음이 편하지는 않을 텐데, 그건 하나의 재능이 아닐까 싶어요. 이건 어떻게 바라봐야 할까요?

일단 경청 자체가 '불확실성'으로 들어가는 것이기 때문에 '여행'이라고 표현할 수 있습니다. 아무도 모르는 내적 탐험을 하는 거죠. 일방적으로 답을 이야기하는 것이면, 불확실성으로 들어갈 필요가 없어요. 답을 딱 주면 되니까요.

하지만 "어떻게 생각하니?"라는 질문에 "몰라요."라는 대답이 나오면 "아…" 이때부터는 인내와 용기를 가지고 모든 질문 권법을 써야 합니다. 여기를 찌르기도 하고 저기를 찌르기도 하고. "뭘 해보면 좋겠니?" "그러더라도 한 번 이야기해 볼까?" 이런 저런 말로 상대의 마음을 끄집어내고, 또 끄집어내는 단계입니다. 이게 사실 고도의 훈련이죠. 한두 해에 그렇게 되는 것이 아니고, 수많은 질문 대련을 통해 생기는 거고요. 용기는 숙달을 통해서 만들어진다고 생각합니다.

코칭에서는 '직면하게 한다'라는 표현을 씁니다. 어느 순간엔 스스로 직면할 수 있게 질문해야 합니다. "지금 이대로 10년이 지난다면 어떻게 되겠어요?"라는 식으로. 저같은 경우엔 "이대로 20년이 지난다면 내가 당뇨와 고혈압이 걸릴 것 같다?"라는 질문에서 식이조절과 체중감량을 시작했어요. 사람은 고통을 직면할 때 그제야 변화를 시작하잖아요.

"당신이 내린 이 결정은 코치인 나로서는 동의하거나 찬성할 수가 없습니다. 당신이 그럼에도 끝까지 이렇게 결정한다면 나는 당신과의 코칭을 내려놓겠습니다." 이러한 극단적인 경우도 두세 번 있었어요. 코치로서 코칭을 받는 분에게 나름의 큰 충격을 주는 거죠. 코치도 상대와 충돌할 용기가 있어야 합니다. 코칭 고객이기도 하고, 더구나 저는 코치로 고용된 거고, 그렇게 하는 게 코치 입장에서 쉽지는 않거든요. 그런데 그렇게 이야기하면 대부분 "알겠다. 내가 다시 생각해보겠다"라고 수긍을 하며 대답을 해요. 저도 관계적인 사람이기 때문에, 누군가한테 싫은 소리를 하는 걸 좋아하진 않지만, 정말 그 사람을 위해서 해야 한다면 그렇게 하는 거죠.

불확실성이란 말이 참 좋네요. 제 이야기를 조금 하자면요. 제가 속한 조직에서 자기 이야기를 하기 좋아하는 분이 있는데요. 좀 장황하게 이야기하는 스타일이에요. 저는 최선을 다해 경청하는 편이고요. 그런데 이 분이 가끔은 저의 경청을 이용해 먹는다는 생각을 하게 돼요. 가끔 과하게 저한테 이야기를 던질 때가 있거든요. 저에게 조언 이상의 이야기를 던지는 거죠.

좀 고민 될 때가 있어요. 내가 너무 이 분 이야기를 들어 드렸나 싶어서⋯ 한마디로 이 분이 경청을 착각하는 것 같은 느낌인 거죠. 경청을 오버해서 받아들이는 느낌이랄까.

사실 이런 질문을 여성 CEO들에게서 종종 받아요. 코칭에서 배운 대로 깊이 경청해주면 직원들이 악용하는 경우가 있거든요. 그래서 상처를 받게 됩니다.

제 생각에는 군대는 군대 조직의 질서가 있는 것 같이 회사도 마찬가지 같아요. 만약에 이등병한테 대령이 "안녕하십니까?"라고 서로 존대를 쓴다면 군대가 아닌 거죠. 군대는 명령하고, 거기에 따라야 하는, 상명하복의 조직이잖아요. 그리고 그 틀 안에서 움직여야 하고요.

어느 조직이든 위치에 따른 질서가 있어야 해요. 리더와 팔로어가 있고요. 그것이 깨지는 순간 끝나는 거죠. 목적을 갖고 세워진 단체에서 그저 따르기 싫다고 해서 안 한다면, 그 단체는 망하겠죠. 그 안에서 서로 경청하느냐, 폭언을 하느냐, 질문하느냐, 답만 주느냐, 그건 상황에 따라 천지 차이입니다. 어쨌거나 그 단체의 목적을 상실하면 안 되는 거죠.

가령, 저는 제 가정에서는 남편이고 아버지인 거죠. 저의 아이들한테 보잘 것 없는 사람이 되어서는 안 되는 겁니다. 제가 만약 제 아이들에게 질문만 한다는 것은 아버지로서 역할을 안 하는 거겠죠. 모두가 조직에서 각자 처한 위치에 맞는 역할을 담당해야죠. 리더는 때론 사람들과 거리를 두고 외로운 길을 가기도 해야 해요. 어떤 코치는 코칭을 받으시는 분과 밥도 같이 안 먹는다고 하더라고요. 성과를 위해서는 그렇게 매몰차게 하는 거죠. 보통 우린 미국 부모들이 자녀를 자유롭게 놔둔다고 생각하는 경우가 있지만, 경계선은 확실해요. 저도 저의 자녀들한테 그렇게 분명하게 경계선을 주려고 애쓰거든요. 분명한 경계선 안에서, 서로에 대한 존중을 해주는 게 중요합니다.

저한테 한 가지 답을 주는 대답이네요. 특히 '조직의 목적'이라는 부분이 그래요. 이어서 질문하고 싶은 게 있습니다. 어느새 마지막 질문이네요. 코치님도 코칭하면서 마냥 들어주지만은 않겠죠. 때론 충고를 할 텐데, 충고도 경청에 포함되는지? 적극적인 경청을 위해서라면, 어느 순간 충고를 사용하는 게 맞는 건지? 수동적인 경청과 적극적인 경청이 나뉠 수 있는지? 정리하자면, 어느 순간 충고를 하는 게 맞는지 궁금합니다.

저는 사실 직업이 코치잖아요. 질문과 경청을 사용하죠. 코치로 활동하던 초반 8-9년은 강박에 시달릴 정도로 답을 주는 일을 잘 안 했어요. 요새는 좀 자유롭게 "제가 마무리해도 될까요?"라는 식으로 말하고, 코칭이 끝날 때쯤에 제 의견을 한두 마디 정도 해요. 그러나 코칭이 아닌 일반적인 경우엔 그런 제한을 둘 필요가 없죠. 중요한 건, 대부분의 사람들이 충고를 많이 듣고 살아왔다는 거예요. 질문을 한다고 하지만 사실 자기 이야기를 하고 싶은 거죠. 정보도 많아요. 마지막에 "아, 그렇구나. 내 생각엔 이런데 이렇게 하는 건 어떻겠니?"라고 던지면, 그게 좋은 것 같아요.

저의 '8-9년 훈련'을 이야기하는 이유는, 그 시간 덕분에 '충고해야 한다'라는 생각, '상대방이 내 충고를 들어야 한다', '바꿀 수 있다'는 교만함에서 벗어나지 않았나 싶거든요. 누군가 내게 조언하고 충고했던 순간을 떠올려보면 사실 별로 도움 안 됐거든요. 내 이야기를 들어주고, 나를 이해해준 사람이 그 후에 사랑하는 마음으로 조언을 해주었을 때 비로소 도움이 되었던 것 같아요. 그런데 사실 그것도 '그의 조언이 도움이 됐다', 라기 보단 '나라는 사람을 도와주는 그 사람' 자체가 도움이 되는 것이거든요.

상대를 향한 '사랑'이 전달되는 것을 목표로 해야 해요. "내 생각은 이러이러한데, 당신의 생각은 어떻습니까?"라고 묻는 거죠. 상대가 더 성장하도록 돕는 겁니다. 대부분은 내가 하고 싶은 이야기를 푸는, 내 욕구를 채우려는 충고거든요. 누군가를 도우려 한다면 가령, 100마디의 이야기를 듣고, 한 마디 정도 내가 얘기하는 게 좋지 않을까 싶어요. 기준이 조금 높을 수 있지만.(웃음)

사실 코치라는 직업병이 있었던 때가 있어요. 아내가 제게 뭘 질문해도 대답을 안 하고 있더라고요. 오히려 코칭식으로 질문을 다시 하고요. 그러면 아내는 제게 "물어본 건데 왜 대답을 안 해?"라고 말하기도 하고요. 일종의 직업병인 거죠.(웃음) "옷이

뭐가 어울린다고 생각해?"라는 질문에도 대답을 안 하고, "당신은 어떻게 생각해?"라고 재차 질문하는 식으로요. 사실 이건 너무 한 거고, 10개 중에서 8개 정도는 질문하고, 2개 정도는 이야기해주고, 그렇게 가면 좋지 않을까 싶어요. 보통 우리가 말하는 훈련은 되어 있지만, 듣는 훈련은 안 되어 있거든요. 좀 답답할 정도로 듣고 참아내다 그 후에 상대의 마음이 열렸을 때 충고를 탁! 해주면, 나도 그도 보람차죠. 그냥 조언을 막 해주면 조언한 사람이나 받은 사람이나 서로 불만족스럽거든요.

"누군가 내게 조언하고 충고했던 순간을 떠올려보면
사실 별로 도움 안 됐거든요.
내 이야기를 들어주고, 나를 이해해준 사람이
그 후에 사랑하는 마음으로 조언을 해주었을 때
비로소 도움이 되었던 것 같아요.
그런데 사실 그것도 '그의 조언이 도움이 됐다',
라기 보단 '나라는 사람을 도와주는 그 사람'
자체가 도움이 되는 것이거든요."

Chapter. 3

아직
기여할 준비가
되지 않은
그대에게

"나는 신에게 꼭 한 가지만 청한다네 고통 앞에서
내가 무심해지지 않기를…
창백한 죽음이 이 땅에서 필요한 일을 하지 못한 채
텅비고 고독한 나를 찾게 되지 않기를"

_ <왜 세계의 절반은 굶주리는가?> 중에서

지난 시간 진행한 인터뷰를 다시 한 번 떠올려 봤습니다. 코치님이 했던 말들 중, 경청을 '모험'으로 표현한 부분이 참 좋았습니다. 사실 모험이란 건 두려운 일이면서도, 설레는 일이고 그 끝에는 보물이 있다는 코치님의 관점, 그렇게 코칭을 바라보는 코치님의 가치관이 느껴져 좋더라고요. 그리고 '불확실성'이란 단어와 '여행'이란 단어도 하나로 이어지는 키워드가 아닐까 싶었습니다.

그렇다면, 계속 모험을 떠나야 하는 게 코치들의 역할일 텐데요. 그러한 것들을 어떻게 즐기시는 편인지 궁금합니다. 쉽지만은 않을 것 같거든요.

알고 보면 저도 저의 보물을 찾은 거죠. 저의 보물을 찾을 때 희열을 느꼈고, 제 삶이 변했으니까요. 그것을 찾기까지는 보물이 있는지도, 찾아야 하는지도 몰랐으니까요. 헤매고 괴로워하고 아파하고… 정말 그랬던 시절이 제 인생의 대부분이었어요. 지금도 어떠한 영역에선 그렇게 가고 있고요. '내 삶은 왜 이렇게 힘들었을까? 왜 이랬을까? 남들과는 다르게 고통스러웠을까?'를 평생 생각해 왔죠. 결국 찾은 답은, 그 이유를 찾아도 별 도움이 안 된다는 거였어요.

예를 들자면, 왜 우리 가정은 다른 가정처럼 화목하지 않았을까? 뭐 이런 이유들… 아무리 답을 찾아도, 답을 찾으면 더 괴로워요. 그런 저를 통해서, 누군가가 자신만의 보물을 찾아갈 수 있도록 돕는 거죠. 그것이야말로 괴로운 시간을 겪은 제가 보상받

아직
기여할 준비가
되지 않은
그대에게

58

을 수 있는 유일한 길이라고 봐요.

좀 더 자세히 풀어서 설명해 주시면 좋겠습니다.

저는 고통을 겪으며, 힘들게 보물 지도를 찾았어요. 누군가는 저를 만남으로, 평생 못 찾을 걸 찾게 되는 거죠. 어쩌면 10년 걸릴 걸 1년 만에, 1년 걸릴 걸 1주 만에 찾는다면 얼마나 보람찬 일일까요? 또한 이 보물을 활용하여 누군가에게 기여하는 건, 그긴 기간 고통 속에 헤맸던 시간들을 보상 받을 수 있는 유일한 즐거움이기도 해요. 저는 누구나 즐거움을 위해 산다고 보거든요. 봉사도 자기 즐거움을 위해 한다고 생각해요. 그걸 오해하게 되면, 내가 널 위해서 희생했는데 넌 어떻게 그럴 수 있어? 이렇게 가는 거죠. 그게 아니라 내 즐거움 안에서 내가 기여하는 부분으로 나를 컨트롤 할 수 있다면, 누구나 상처를 가지고 있고 화를 내고 있지만 그러한 에너지 안에서 자기 자신을 찾고 타인에게 기여할 수 있다면 저는 그 분노가 꺼지지 않는 에너지의 원천, '에너지 용광로' 같은 거라고 보거든요. 그런데 자꾸 내 안에서가 아니라 남에게서 내가 소중히 여기는 가치를 찾고 있으니 불만족스러운 겁니다.

내 안의 '에너지 용광로'를 통해 타인에게 기여할 수만 있다면 '한 가정이 얼마나 변할까', '세상이 얼마나 변할까'를 기대하게 됩니다. 하지만 기여라는 거창한 목적보다는 순전히 저를 위한

목적으로, 제가 보상받기 위해서 그렇게 하고 있어요. 그게 솔직
한 제 생각입니다.

"내 안의 '에너지 용광로'를 통해
타인에게 기여할 수 있다면
'한 가정이 얼마나 변할까',
'세상이 얼마나 변할까'를 기대하게 됩니다.
하지만 기여라는 거창한 목적보다는
순전히 저를 위한 목적으로,
제가 보상받기 위해서 그렇게 하고 있어요.
그게 솔직한 제 생각입니다."

아직
기여할 준비가
되지 않은
그대에게

'보상'이라는 키워드가 좋네요. 그리고 순간 드는 의문이 있습니다. 내가 10년 걸려 찾는 걸 다른 사람은 좀 더 쉽게 찾게 해준다는 것이 어떻게 '보상'으로 연결되는 거죠? 가령, 햄버거를 원하는 데 스시가 오면 그게 보상이 될 순 없지 않나요? 전 아직까지도 내가 너의 이야기를 들어주는 만큼 너도 나의 이야기를 들어줘, 이런 식의 같은 양과 질의 보상을 원하거든요. 코치님은 전혀 다른 느낌이 들긴 해요. 그게 궁금합니다.

나를 통해 누군가가 회복해 가는 것. 그렇게 제가 누군가의 회복을 돕는 것 자체가 저에게 보상이에요. 말씀해주신 부분과 연결하면, 예를 들어, 저는 '저'인 거죠. 그는 '그'인 거고. 그는 결국 그의 방식으로 사랑해줘야 해요. 저의 방식으로는 사랑해줄 수 없는 거죠. 제가 물고기라면, 그는 육지 동물인 겁니다. 제가 이것을 사용해 기여하더라도, 그는 나를 '내가 원하는 방식으로는' 채워줄 수 없다는 인정을 하는 거죠.

전 부부 사이도 그렇다고 생각해요. 누군가가 다른 누군가를 채워줄 수 없어요. 결혼을 해서 "나를 채워 달라"고 잡아당기면, 각자 자신만의 짐이 있는 상황에서, 더욱더 짐이 무거워지는 거죠. 타인에게 의지할 때 비극이 시작됩니다. 저는 저의 가치, 제가 의미 있는 것을 함으로써 그 자체로 보상을 얻는 거죠. 경청하고 공감하고 누군가를 회복시킴으로써, 의미 있는 삶을 살아갈 때 그 자체로 회복된다고 보거든요. 희생이 아니라, 그것을 온전한 기쁨이라고 느낄 때, 그 사랑에 힘입어 아내를 사랑해 주고,

아내도 그 사랑에 힘입어 나를 사랑해주는 것이죠. 나를 완벽하게 채워 줄 수 있는 존재는 없어요. 잠깐 기댈 수 있을지는 모르겠지만요.

저의 아내도 그리 잘 들어주는 편은 아니에요. 제가 숨을 고르는 사이 틈을 찾아서 자신이 하고 싶은 이야기를 하느라 바쁘거든요.(웃음) 아내와 대화할 때는 서로 먼저 말하기 바쁘죠. 지금도 저만큼 저를 들어주는 사람은 없더라고요. 저만큼 저를 알아주는 사람은 없는 거죠. 침묵의 시간, 감정 일기, 코칭 대화 등… 저는 이런 통로들을 사용해요. 무언가 혹은 누군가가 나를 내가 원하는 방식으로 완벽하게 채워줄 수 있을 거라곤 생각하지 않아요.

내가 원하는 방식으로 채워줄 수 있는 존재가 아니라고 타인을 그저 인정하는 것. 그게 출발점인 것 같아요. 가령, 마더 테레사 이야기를 하자면, 그는 긍휼의 마음이 충만했지만 그가 그렇게 살면서 "너도 나한테 그렇게 해"라고 하지 않잖아요. "너도 같은 가치관을 가지고 똑같이 행동하라"고 요구하는 마음을 가져선 안 되겠죠. 나와 다른 그의 '결'을 마음으로 인정해야 가능할 듯해요.

상대방을 인정하려면, 나를 먼저 인정해야 되는 것 같아요. 나는 무조건 나인 거죠. 저는 감정을 섬세하게 느끼도록 감정 세포가 특별히 발달한 건지도 모르겠어요. 어렸을 때부터 웃는 사람을 보면서도 그의 우는 마음이 느껴졌거든요. 다만, 그걸 할 수 있는 사람이 '저'라는 걸 깨달은 거죠. '아, 이건 내가 잘 하는구나!' 그러고 나서 '오, 감사합니다. 저에게 이런 능력이 있어서 감사합니다.' 공감이라는 영역에 있어 저는 탁월함에 감사하고 경축하게 됩니다. 그걸 다른 사람한테 요구할 수 없는 거죠. 오히려 주변 사람들이 저를 이해하지 못해서, 감사한 거예요. 이해받지 못하기에 제가 특별하니까요. 사람들이 모두 똑같다고 가정해 봐요. 그러면 굉장히 당황스러울 거 같아요. 공장처럼 똑같은 제품들을 찍어내는 거죠.

보물찾기는 내 보물을 온전히 찾고 감격하는 게 우선이에요. 보통 사람들은 계속 남한테서 나의 보물을 찾으려고 애쓰는 거죠. 그래서 결국 서운함이라는 감정에 빠지곤 해요. 저는 내 안의 보물을 찾고자 하는 갈망, 에너지가 중요하다고 봅니다. 그래서 저에겐 그 상처, 그 에너지가 중요한 거예요. 끝없이 생겨나는 에너지거든요. 그는 왜, 굳이 그 영역에서 상처받고 화를 내고 있을까…

예를 들자면, 저와 같이 일하는 동료 중에서 정말 자기 얘기밖에 안 하는 사람이 있어요. 질문을 해도 결국 자기 이야기를 하기 위한 질문을 던지는 사람이에요. 경청하는 척하지만, 결국 자기 이야기를 늘어놓고 싶은 거죠. 저는 그걸 두고 '위장된 경청'이라고 보거든요. 저로선 그런 모습이 정말 짜증이 나더라고요. 처음에는 좀 재밌게 들었는데, 점점 짜증이 밀려오는 거죠.

대화 자체가 싫어지고 가끔 질문을 던져도 계산된 질문만 던져요.

아니, 대화를 어떻게 이런 식으로 할 수 있지? 이 사람만 없어도 동료들끼리 대화가 잘 될 것 같은데 이 분만 있으면 대화하기가 싫어져요. 이런 대화 스타일을 가진 사람에 대한 코치님 이야기를 듣고 싶어요.

보통 경청을 잘 하시는 분들이 오히려 '더 경청해야지'라는 마음으로 경청에 관한 글을 열심히 챙겨 보시더라고요. 경청을 안 하는 분들은 '경청하지 마라' '다 들어주지 마라' 이런 메시지에 반응을 해요. 경청을 해야 할 사람은 안 하고, 경청을 덜 해야 할 사람들이 더 경청을 하는 거죠. 마치 공부를 잘 하는 사람이 성적 비관을 하는 것과 같아요. 말씀하신 그 사람은 경청에 대한 기준 자체가 없기 때문에, 대화 중 중간에 끼어들어도 그걸 나쁘다고 생각하지 않을 거예요. 그걸 기분 나빠하는 사람은 '경청에 대한 기준'이 있는 저와 작가님인 거죠. 그런데 어떻게 보면 이런 사람들은 타인 역시 함부로 말해도 상관없다는 측면에선 편한 스타일이에요.(웃음)

예를 들어, 저는 약속 시간이 너무 중요하거든요. 약속 시간에 늦으면 마음이 너무 불편해요. 그런데 보통 수시로 늦는 사람들이 있어요. 미리 연락이라도 하지… 심지어 미안해하지도 않아요. 그런데 그런 사람들의 특징은 남이 늦어도 쿨하게 반응한다는 거예요. 저는 늦었을 때 주위 사람들이 괜찮다고 해도 너무 불편해요. 가령 "이렇게 해야 한다"는 부모로부터의 요구로 강박이 생겼을 수도 있고, 부모가 요구하지 않아도 부모의 모습을 보면서 그렇게 살게 되기도 하고요. 저의 부모님은 두 분 다 명문대를 나오신 선생님들이셨어요. 항상 기준이 딱 있는 거죠. 제가 자라면서 그걸 요구 받은 건 아니지만, 그런 모습을 본 것만으로도 저는 닮게 된 거죠. 물론 좋은 점도 있어요. 좋은 데 쓰면 사회생활도 잘 하고, 결과도 얻고. 그런데 안 그래도 되는 상황에서 혼자 그러고 있는 거예요. 이게 저를 괴롭히는 거죠. 아까 하신 이야기로 다시 돌아오자면, 다 들어줄 필요는 없는 것 같아요. "저 할 일 있어서요"라고 말을 해주거나 "제 이야기를 들어줘요 좀!" 이렇게 말하는 것도 방법이 될 수 있겠죠.

"보물찾기는 내 보물을 온전히 찾고 감격하는 게 우선이에요.
보통 사람들은 계속 남한테서 보물을 찾으려고 애쓰는 거죠.
그래서 결국 서운함이라는 감정에 빠지곤 해요.
저는 내 안의 보물을 찾고자 하는 갈망,
에너지가 중요하다고 봅니다.
그래서 저에겐 그 상처, 그 에너지가 중요한 거예요.
끝없는 생겨나는 에너지거든요.
그는 왜, 굳이 그 영역에서 상처받고 화를 내고 있을까…"

아직
기여할 준비가
되지 않은
그대에게

제가 말한 그 사람은 경청에 대한 기준 자체가 낮은 사람이었다는 깨달음이 오네요. 그런데도 제가 단순히 저의 높은 기준을 요구한 것 아니었나 싶어요. 게다가 그 사람도 제가 모르는 자기만의 기준이 있을 수도 있고요. 그의 기준에서 보면 또 제가 아주 부족할 수도 있을 테죠. 어찌 보면 제가 그에게 경청에 대해 높은 기준을 요구하고, 그 사람만 왠지 자유로워 보이는 것에 대한 억울함이 있지 않았나 싶어요.

이건 나인데, 그걸 가지고 '저 사람'에게 요구하는 거죠. 난 내 능력을 활용하면 되는 거예요. 그분은 앞으로 10년을 봐도 그 점수가 높아질 것 같지는 않아요. 기적 같은 일이 벌어지지 않는 이상 말이죠. 그 분은 그렇게 사실 거예요. 같이 머무는 동안은 계속 짜증날 수도 있죠.(웃음)

저는 지각을 자주 하는 편이거든요. 제가 속한 조직이 지각에 별로 민감하지 않은 편이라… 이 분은 반대로 철저하게 시간을 잘 지키는 편이에요. 어쩌면 속으로 저를 욕하고 있거나 어디서 제 이야기를 하고 있을지도 모르겠네요.(웃음)

제가 예전 직장에서 모신 상사는 '기본'을 강조했어요. 그 자신이 그렇게 '기본'을 잘 지켰거든요. 그런데 저는 '공감'이 중요하다고 봤어요. 그 분은 사람들이 아프고 쓰러져도 잘 모르더라고요. 결국 각자 자기가 강조하고 좋아하는 게 있는 것 같아요. 부부도 마찬가지라고 봐요. 깔끔하게 정리해야 직성이 풀리는 사람은 아내를 들들 볶는 거죠. 자기가 그 능력과 가치를 활용해서 청소하면 되는데, 그걸 아내에게 강요합니다. 그걸 못 놓으면 다툼이 시작되는 겁니다. 사실 아내는 나와 달라서 매력을 느끼고 결혼을 한 건데, 나와 같아지라고 요구를 하니 전쟁이 벌어지죠.

제가 드리고 싶은 질문이 또 있습니다. 제가 이번 주에 좀 유명한 어르신을 만나게 되었어요. 교계에서도 존경받는 목사님이셨고 세상을 향해 쓴 소리도 아끼지 않는 분이었습니다. 그런데 아무래도 연세가 많다 보니, 제가 긴장이 되더라고요. 그런데 단순히 긴장이 아니라 일종의 '경외감' 같은 마음으로 인터뷰를 진행을 했어요. 그 느낌이 한편으로 좋았습니다. 인터뷰를 1시간가량 진행하며 긴장을 놓지 않고 '초집중'해서 경청을 했는데, 한편으론 '아, 내가 왜 이 분의 이야기를 경청할 수 있었을까'에 대해 생각해봤습니다. '아, 내가 이 분에 대한 경외감을 가지고 들어서 그렇구나. 적당한 긴장감과 신선함을 갖고 듣다 보니 경청했구나! 그래서 지겹지 않았구나!' 싶었습니다. 안타까운 건, 우리가 만나는 대부분의 대상을 식상한 마음으로 대하는 경우가 많잖아요. 그게 아내일 수도, 자녀일 수도 있고. 내가 만나는 사람들을 적당한 긴장감과 신선함을 가지고 대한다면 훨씬 더 '경청'할 수 있을 텐데 말이죠.

제가 경청을 하면서 느끼는 건 '깨어 있는 것'이 중요하다는 거예요. 사실 나와 만나고 있는, 내 앞의 한 생명은 지금 이야기를 나누면서도 끊임없이 역동적으로 변화해요. 우린 서로 다른 사람이고 서로 에너지를 주고받는 존재에요. 우리를 입자로 쪼개고 쪼개면 결국 에너지(파동)라고 하죠? 우리의 존재는 에너지 그 자체인 거죠. 생물학적으로도 1시간이면 우리의 세포는 수없이 죽고 새롭게 생겨난다고 합니다. 생각 속에서만 살아가기에 지금의 이 '살아 있음'을 경험하지 못하는 거죠. 예를 들자면 내 앞에 있는 사랑하는 아들의 눈빛을 느끼지 못하고, 걱정과 염려 그리고 두려움 속에 갇히는 거죠. 지금의 순간에 맛을 보는 게 중요하잖아요. 우리 앞의 대상은 아직 끝나지 않은 대상이에요. 아직 살아 있고, 어떤 음악보다 영화보다 진동하고 변화하고, 미래를 기대할 수 있는, 희로애락이 담긴 게 사람의 인생이죠. 그 인생과 영화 보듯이 함께한다면 얼마나 좋을까요.

내 생각에 잠기는 게 아니라, 그 사람과 그저 함께할 수 있다면… 존재한다면… 계속 깨어 있지 못하고 걱정이나 후회 속에 잠기면 내 삶에 어떤 신비로움이 찾아와도 그 순간에 살아 있지 못하게 돼요. 중요한 건 지금 이 순간은 다시 돌아오지 않을 마지막 순간이라는 거죠. 내 자녀의 지금 이 나이, 이 웃음은, 다시 돌아오지 않을 순간이잖아요. 현재 존재하며 먹을 때 먹고, 잘 땐 자고… 그래서 몰입이라는 게 플로(FLOW), 그 상태에 완전히 잡념 없이 함께하는 거잖아요. 저는 그것이야말로 인간이 느낄 수 있는 가장 큰 희열이라고 생각해요.

제가 드린 질문이 코치님 이야기로 잘 정리가 되었습니다. 사실 그게 내 앞의 사람과 나 사이의 좋은 대화를 막는 벽이잖아요. 내 앞의 사람은 늘 변화

하고 있는데, '으이구 또'라면서 믿지 않죠. 가끔 늘 상대를 신선하게 환영해주는 사람을 만나게 됩니다. 실패할 걸 알고 있지만, 그 순간에 같이 기뻐해주는 사람, 그런 사람이야말로 정말 크고 넉넉한 사람인 듯해요.

그러려면 결국에는 현존하는 게 중요해요. 생각을 좀 덜 하고, 연습을 해야 합니다. '마인드풀니스(mindfulness)'라고, 우리나라에서 흔히 하는 말로는 명상이라고도 합니다. 내가 깨어 있음, 그리고 살아 있음. 그냥 먹기, 그저 만나고, 그저 안고… 안아주는 가운데서도 '이 아이를 어떻게 먹여 살리지… 조금 있다가 무엇을 먹지?' 등등의 생각에 빠져서 지금 이 순간 아이와 함께 못할 때가 있잖아요. '지금 이 순간에' 존재하는 연습이 '경청의 핵심'이 아닐까 싶어요.

지난주에 하신 말씀을 짚어 보면, "경청을 하려면 내가 나로 존재해야 한다"라고 말씀하셨잖아요. 그러면서 예로 드신 게 '스노우 볼'이었고요. 그런 것들이 하나로 연결이 되네요. 순간적으로 떠오른 책이, 한 농구 감독이 쓴 책이에요. 필 잭슨이라는 유명한 NBA(미국프로농구) 감독인데요. 이 감독이 쓴 자서전에 동일하게 흐르는 게 '명상'이란 개념이었어요. 스포츠라는 격렬한 전쟁터에서, 그것도 미국 프로농구에서, 선수들에게 '스피릿'을 주입하더라고요. 책을 보면, 시카고 불스 선수들이 주입된 스피릿을 잘 받아들이면서 '하나의 농구 왕조를 건설해 가는 과정'이 잘 나타나 있습니다. '아, 명상이란 게 매우 정적으로 보이지만 가장 동적인 곳에 적용될 수 있구나'라는 깨달음에 놀랐던 기억이 있습니다.

"내가 깨어 있음, 그리고 살아 있음. 그냥 먹기.
그저 먹고 그저 만나고 그저 안고…
안아주는 가운데서도
'이 아이를 어떻게 먹여 살리지…
조금 있다가 무엇을 먹지?'
등등의 생각에 빠져서
이 아이와 함께 못할 때가 있잖아요.
지금 이 순간에 존재하는 연습이
'경청의 핵심'이 아닐까 싶어요."

오직 기술적인 차원에서 듣고 질문하고 말하는 단계는 표면적인 단계라고 봐요. 더 깊은 단계는 그냥 존재하는 경청입니다. 보통 경청을 두고 '그냥 말을 잘 듣는 거라고 생각'하지만, 사실 제일 중요한 건 '나 자신을 듣는 것'이거든요. '내면의 존재를 듣는 게 중요'한 거죠.

좋네요. 인터뷰를 진행하면서 배우는 느낌입니다.
마지막으로 묻고 싶은 게 있습니다. 보통 자신이 누군가의 이야기를 들을 때, 나 자신의 표정은 알 수가 없잖아요. 가끔 사진을 통해 확인해 보면, '내가 이렇게 듣는구나' 싶어요. 자기가 평소 자기 목소리를 모르듯, 말이죠. 그런데 보통 자기 목소리를 녹음을 통해 들으면 별로잖아요. 마찬가지로 인터뷰 때 저의 표정을 보면 좀 생소할 때가 있어요. 싫기도 하고요.

저는 누군가와 대화할 때 진지한 표정으로 듣는 편인데 10명 중 3명은 저의 이런 반응을 조금 버거워 하더라고요. 청소년도 그렇고, 또 성인 중에서도 그런 분들이 있고. 목요일마다 나가는 독서 모임이 있는데, 그 중 한 분이 제가 그런 반응을 보일 때마다 약간 당황하듯 '어어…' 하면서 다른 데를 바라보더라고요. '내가 너무 눈을 또렷이 쳐다보고 바라보며 들었나?' 싶었죠.

대화를 나누는 상대방에 맞춰서 보여줘야 하는 표정이나 리액션이 있는지 궁금하네요.(웃음)

아직
기여할 준비가
되지 않은
그대에게

많이 알려지긴 했지만 아직도 많은 분들이 모르는 영역인데요. '상대 중심적 경청', 즉 상대에게 맞춰서 목소리나 태도나 음량을 맞추는 거예요. 세일즈나 보험 쪽에서 일하시는 분들이 자주 사용하는 경청 방법입니다. '매라비안의 법칙'에 따르면, 상대방의 말을 이해할 때 말이 영향을 주는 비중이 7%고, 나머지 93%는 표정 등의 비언어들이에요. 제가 저의 딸에게 "이 미운 돼지야!"라고 말한다고 하더라도 목소리나 표정이나 말투에 따라 전해지는 내용의 느낌은 완전히 다를 수 있거든요. 그런데 우리는 그런 것들을 생각하지 않고 말을 하거나 상대의 이야기를 들어요. 가령, 자녀를 생각하는 마음으로 엄마가 말한다고 하더라도, 인상을 쓰고 굳은 목소리로 말하면 자녀 입장에선 '엄마가 나 때문에 화가 났구나' 싶은 거죠.

눈을 지그시 맞추고, "음음, 아 그렇구나" 하며 상대의 말에 반응하는 것을 '미러링'이라고 하는데요. 거울을 보는 것처럼 하는 것입니다. 저를 한 번 따라해 보시겠어요. 거울이 되어주시는 거예요. 좀 오버스럽고 불편하시죠?(웃음) 그런데 사람이 가장 마음이 열리고 편안해지는 순간은 '거울을 보는 듯한 느낌'이라고 해요. 아이가 엄마를 찾아와서 신나게 "엄마" 부르는데 엄마가 무표정하게 "응…" 하고 대답하면 아이 입장에선 기분이 좋지 않겠죠.

저는 십여 년을 해왔으니 지금은 연습하지 않아도 어느 정도 자연스럽게 가능해요. 코치는 대화할 때 상대와 같은 속도로 숨을 쉽니다. 같이, 완전히 하나가 되도록 노력하죠. 고개 방향 정도만 같이 맞춰 줘도 사람들은 마음이 열려서 자기 이야기를 해요. '존재의 경청'까지 하지 않아도 아주 파워풀합니다.

소통에 익숙한 중년 여성들에게 "서로 들어주세요"라고 하면 수십 년간 쌓인 노하우로 경청을 아주 잘 하세요. 상대방의 자세, 눈빛, 고개 같은 것들을 본능적으로 맞춰주면서 사람들과 이야기를 하죠. 세일즈의 대가들이 쓴 책들을 보면 '경청'의 중요성에 대해서 꼭 다뤄요. 그만큼 경청이 중요합니다. 사람들은 '말하는 사람'보다 '듣는 사람'에게 호감을 갖거든요.

물론 끊임없는 훈련이 필요합니다. 처음에는 운전을 배워야 하지만 어느순간 자연스럽게 되는 것과 같은 거죠.

Chapter. 4

코칭을
궁금해 하는
그대에게

"인간은 사물 자체가 아니라
그 사물을 바라보는 관점 때문에 고통을 당한다."

_ 에픽테토스

코치님, 지난 3주 정도는 경청에 대해서 주로 이야기를 나눴습니다. 덕분에 '경청'에 대해서 깊은 이해를 할 수 있게 된 것 같습니다. 오늘은 아주 뻔한 질문으로 시작하겠습니다. 대체, 코칭이란 무엇인가요?

흠, 정말 다양한 관점과 정의들이 있을 텐데요. 제가 정의를 내리자면, 코칭은 '질문과 경청을 통해서 스스로가 답을 찾도록 돕는 도구'입니다. 보통 질문과 경청을 빼고 말씀하시는 분들도 있어요. 제 의견으론, '경청과 질문'이란 것을 코칭의 정의에서 빼면 코칭의 의미가 너무 넓어진다고 생각합니다.

코치들 중에선 약간의 질문과 경청을 사용하며 카리스마적으로 조언하며 이끄는 분들도 있습니다. 저도 '카리스마형'으로 이끄는 방법을 사용하기도 하고요. 하지만 그것을 코칭의 중심으로 삼게 되면 코칭의 정의가 흔들린다고 생각합니다. 그래서 경청과 질문이 코칭의 핵심이라고 할 수 있습니다. 거기에서 벗어나게 되면 코칭보다는 다른 기법이 추가된 것이라고 보는 게 낫습니다.

제가 코칭을 말할 때 '질문'과 '경청'을 보수적으로 고집하는 이유는, 사람들이 보통 경청과 질문이 어렵다는 이유로 쉽게 다른 곳으로 가버리기 때문이에요. '계속 경청해서 뭐해?'라는 생각으로, 경청하기보다는 뭔가 하고 있다는 느낌을 주는 질문을 좋아하고, 더 나아가 조언을 던지기도 하는 거죠. 달리 말해 내가 주도하고, 상대가 뭔가 빨리 바뀌기를 원하는 겁니다. 저 같은 경우는 경청을 정말 고집했습니다. 심지어 코치 6~7년차까지는 아내가 뭘 물어봐도 내 의견을 잘 말 안 했어요. 그래서 아내가 "의견을 좀 말해라"며 화를 내기도 할 정도였으니까요.(웃음) 결론적으로, 코칭은 "질문과 경청을 통해 스스로가 답을 찾는 것이다"라고 말하고 싶습니다.

그렇다면, 여기서 말하는 '답'이라는 것은 뭘까요? 대체 어떤 답을?

답을 찾는다는 것을 다른 말로 하자면, '보물찾기'라고 할 수 있어요. 그 보물이 뭔지는 사실 코치도 몰라요. 코칭을 받는 나 자신이 삶에 어떠한 반응을 보일 때, 그것이 상처일 수도 있고, 기쁨일 수도 있고, 그게 무엇이든 반응이 일어나는 때가 있거든요. 특별히 무언가에 아파하고 상처받고 놓지 못하는 것. 어떠한 사람은 싫어하는데, 어떠한 사람은 좋아하는 것. 바로 여기에 누군가 갖고 있는 특징이나 보물이 묻혀 있다고 보거든요. 깊이 말하면 '보물'이고, 가볍게 말하면 '해결책'인 겁니다.

정말 나를 움직이게 하는 원동력. 혹은 깊이 있는 존재의 음성. 그렇게 이야기하면 나름의 설명이 될 듯해요.

"제가 코칭을 말할 때 '질문'과 '경청'을 보수적으로
고집하는 이유는, 사람들이 보통 경청과 질문이 어렵다는
이유로 쉽게 다른 곳으로 가버리기 때문이에요.
'계속 경청해서 뭐해?'라는 생각으로, 경청하기보다는
뭔가 하고 있다는 느낌을 주는 질문을 좋아하고,
더 나아가 조언을 던지기도 하는 거죠.
달리 말해 내가 주도하고,
상대가 뭔가 빨리 바뀌기를 원하는 겁니다."

코칭을
궁금해 하는
그대에게

지난번 인터뷰 중, 한 학생을 향해 "난 널 만난 게 영광이다"라는 말을 던졌다고 하셨잖아요. 결국 그 학생 안의 보물을 느끼신 거라고 봐요. 정작 학생 본인은 못 느껴도. 그런 사람들을 볼 때 느끼는 코치님만의 설렘 같은 것이 있을 것 같아요. 누군가의 내면에서 이글거리는 보물을 발견했을 때 어떤 기분이세요?

이게 약간 어떻게 보자면, 제 사고 혹은 믿음의 차원이기는 해요. 누군가를 볼 때 만나기 전부터 일단 기대가 돼요. 그런데 더 기대가 되는 건 그가 그만의 보물을 찾고자 엄청 투쟁해 왔을 때 더 기대가 되죠. 그리고 그가 보통의 삶에서 무언가 이해받지 못하고 인정받지 못하고 스스로도 뭔지 고민하는 지점에 있을 때 저는 희열을 느낍니다.

영화 〈엑스맨〉을 보면, 어렸을 때 엑스맨들이 자기의 능력을 보곤 자기를 괴물이라 생각하잖아요. 눈에서 레이저가 나가고, 누구는 날개가 있고, 누구는 태풍을 일으키고… 보통 사람들은 이들을 괴물이라 여기고 이상하다고 생각을 한다면, 저는 그게 그 사람만의 능력이고 그걸 잘 다루면 세상을 바꾸는 능력이 될 수 있다는 생각을 하기 때문에 더 기쁜 거예요. 누구나 다 기대가 되지만 자기의 존재를 부정당하고, 인정을 못 받던 분들이 스스로의 보물을 발견했을 때 저는 더 강한 기쁨을 느낍니다. 저 자신을 보듯이 감동이 되고, 이들이 살아갈 앞으로의 삶을 상상하면 정말 "와우!" 너무 기대가 되고 흥분이 되는 거죠.

'믿음의 차원'이라는 말이 인상적이네요. 이 말에 대해 자세히 설명해주실 수 있나요? 저는 일종의 신앙적인 관점으로 들리기도 하네요.

누군가를 만나기 전에, 그를 어떻게 볼지는 나 스스로가 결정한다고 생각해요. 해석학이 그렇잖아요. 내가 믿는 신도 결국 내가 해석해서 믿고 있는 신이라고 합니다. 제가 경험한 어떤 교수님은 "내 목표는 너희들이 믿었던 기존 신의 개념을 깨뜨리는 거다"라고 하셨어요. 과격해 보이지만, 그 말이 맞는 거죠. 내가 아는 신의 모습은 극히 일부인데다가 왜곡된 모습인 경우가 많잖아요. 내가 만나는 존재를 '가능성의 관점'으로 볼 수 있는데도 불구하고 상대의 가능성이나 존재의 위대함을 내 생각과 프레임으로 가두는 경우가 있어요.

내가 만나는 상대는 만나기 전부터 빛나는 존재에요. 대체 그 보물이 무엇인지는 질문과 경청을 통해서 알아가는 거죠. 코칭을 받는 그가 느끼는 것이 중요해요. 해석학이든 믿음의 차원이든 생각의 프레임이든, 여러 가지 용어를 사용할 수 있겠지만, 누군가를 만나기 전 내가 그의 존재를 향해 품는 생각의 틀 같은 거라고 볼 수 있겠죠.

지금 가진 믿음의 차원이라는 부분에 있어서 코치님이 갖고 있는 기독교라는 신앙이 결정적인 영향을 주었나요?

사실 기독교 신앙을 통해 일어난 변화야말로 제 삶의 첫 번째 강렬한 변화라고 볼 수 있습니다. 기독교 신앙도 "신이란 존재가 나를 사랑한다"라는 게 핵심이잖아요. 다른 어떤 것보다 '내가 사랑받는 존재'라는 사실이 내 삶을 송두리째 바꾸고 지금껏 저를 이끌어 왔어요. 두 번째 터닝 포인트는 제가 받은 사랑을 다른 사람에게 기여하는 단계로 가면서 일어났습니다. 저의 삶은 오랫동안 절망 그 자체였거든요. 정말 빛이 보이지 않는 지구 중심 같은 암흑 속에서 한 걸음씩, 저 어딘가에서 보이는 빛을 보며 올라왔다고나 할까요? 어쩌면 제 삶을, 다른 사람의 삶을 통해 보고 있는지도 모르겠습니다. '내가 이렇게 살고 있다면, 너도 충분히 그럴 수 있어'라고 생각하는 거죠.

그렇다면, 코치님에게 있어 절망감은 어떠한 측면에서의 절망이었나요?

일단 저는 감정을 느끼는 폭이 남들보다 큰 것 같아요. 감정 세포가 많은 것일 수도 있고요. 감정을 느끼는 폭이 굉장히 컸죠. 지난번에 말했던 것처럼, 저의 부모님은 두 분 다 학교 선생님이셨습니다. 저의 가정이 그렇게 남다르진 않았어요. 평범한 집안이었죠. 그런데 저는 늘 가족을 생각할 때 마음이 아팠어요. 그런 저에게 아내는 종종 웃으며 이렇게 이야기 했어요. "집에 큰 마당도 있고 마당에 종류별로 과일나무도 있고 마당에 놀이터까지 있었는데, 고아원에서 자란 것도 아니면서 뭐가 그렇게 힘들었느냐"고요.(웃음)

생각해보면, 객관적으로 봤을 때 그리 절망적이었던 상황은 아니었어요. 제가 아파했던 이유는 부모님께서 좀 더 소통을 잘 하며 화목하고, 집 안에 공감과 웃음이 있는, 그런 삶을 갈망했기 때문이었던 것 같아요. 서로 소통하며 기쁨으로 살아가는 가정이길 원했던 거죠. 제가 꿈꿨던 가치는 공감하고, 함께 기뻐하고 함께 꿈을 꾸는 거였거든요. 제가 가정에서 그것을 느끼지 못했다는 데서 절망감이 밀려온 거죠. '나에게는 그런 부모가 없었어. 나에게는 그런 도움을 주는 사람이 없었어.'라는 생각에서 오는 결핍이라고 할까요?

그런데, 돌이켜보면, 지금은 제 가정에서 그 가치를 이루고 있어요. 사실 누구나 결핍을 경험하잖아요. 하지만 제가 느끼는 결핍에 대해 남들은 그걸 결핍이라 느끼지 않거든요. 그런데 저는 그렇게 과하게 결핍이라 느낀 거죠. 마음 아파하면서요. 그렇다면, 왜 그렇게 저는 그 영역에서 과하게 결핍이라 느꼈을까? 생각해보게 돼요. 그 부분에 대한 기준과 기대가 높았던 거죠. 사실 저의 부모와 가정은 이 세상에 살아가는 대부분의 사람들에 비하면, 먹고 사는 것만 해도 상위 몇 퍼센트였는지도 몰라요. 전쟁 같은 삶에 놓여 살아가는 사람들에 비하면 수월한 삶을 살아가고 있었는데 말이죠. 그러나 이제는 이러한 고통의 세상에서 제가 작은 불씨가 되어서 영향력을 끼치고자 해요. 첫 번째는 저 자신을 향해서이고, 두 번째는 가족을 향해서이고, 세 번째는 내 이웃을 향해서입니다. 그렇게 영향력을 끼치기 위해 제가 이 땅에 보내진 것이라 생각해요.

제가 좀 거창하게 얘기했지만 제가 잘 살고, 우리 가족이 잘 살아가고, 내가 만나는 사람 한두 명에게 희망과 열정을 줄 수 있다면, 그것이야말로 유일한 행복한 삶이 아닐까 생각하게 됩니다.

"이제는 이러한 고통의 세상에서
제가 작은 불씨가 되어서 영향력을 끼치고자 해요.
첫 번째는 저 자신을 향해서이고,
두 번째는 가족을 향해서이고,
세 번째는 내 이웃을 향해서입니다.
그렇게 영향력을 끼치기 위해
제가 이 땅에 보내진 것이라고 생각해요."

코치님께서는 남들보다 감정의 폭도 크셨고 외적으로는 부족함이 없는 가정이었지만 코치님의 소중한 가치를 가정이 채워주지 못한 부분이 있었던 거네요. 그렇다면 코치님에게 있어 코치 역할을 했던 분은 누가 있을까요?

제가 이전에 이야기한 교회 선생님의 경우 제가 배운 경청과 질문의 기준으로 보면 그다지 높은 점수를 드리기는 쉽지 않을 거예요.(웃음) 그러나 당시 선생님이 저에게 보여주신 모습을 보면, 누가 저보고 그렇게 하라고 한다면 그렇게 못할 것 같아요. 정말 헌신적으로 저를 사랑해주셨죠.

선생님을 통해서 신앙의 발달단계를 볼 수 있어요. 우리가 보통 아기 때 엄마에게 안긴 느낌을 평생 사랑의 느낌으로 느낀다고 해요. 신이란 존재를 만나고, 보이지 않는 신을 경험하려면, 살아 있는 인간을 통해 그 사랑을 경험해야 해요. 선생님이 저에게 해주었던 사랑, 보여주었던 신뢰, 그런 것이 저로 하여금 신을 향해 이어질 수 있게 하는 다리가 되었던 것 같아요. 당시 전 선생님에게 다양한 얘기를 막 던졌어요. 선생님도 미술을 하신 분이라 개성이 넘치셨거든요. 얼마 전 뵌 선생님께서는 저에게 "오히려 내가 고마웠다"고 하시더라고요. '누구를 위해서 한다'는 생각이 없으신 분이었어요. 그 때 그분과의 만남이 저로 하여금 신이란 존재를 경험하게 했죠. 그 후 저에게 존경스러운 분들은 있었지만, 정작 저와 같은 모습의 스승은 발견하지 못했던 것 같아요. 제게 필요한 영역에 따라서 부분적으로 존경할 사람을 찾아갈 수밖에 없었거든요.

예, 그 선생님의 존재는 코치님께 정말 지대했다는 생각이 드네요.
이어서 아까 했던 이야기를 좀 더 이어가고 싶습니다. 인터뷰 초반에 '믿음의 차원' 혹은 '만나기 전에 빛나는 존재'라는 표현을 하셨는데요. 그럼에도 불구하고 도대체가 아무것도 발견할 수 없는 정말 그저 암울해 보이는 존재를 만난 적은 없는지 궁금합니다.

　저에게 책이 책인 것처럼, 이미 빛나는 존재가 스스로를 두고 "나는 빛이 안 나"라고 할 순 없잖아요. 안타까운 사례가 있긴 했어요. 한 학생의 사례인데요. 당시 그 학생의 부모님이 저를 학생에게 연결한 사례였어요. 보통 1달 정도 만나면 저를 신뢰해주고 저의 진심을 어느 정도 알아주는데, 그 친구의 경우 끝까지 저를 신뢰해주지 않더라고요. 앞에서는 "저를 믿는다" 하면서도 끝까지 마음을 열지 않고 저를 속였어요. 사실 그럴 필요가 없는데 말이죠. 그게 지금도 마음의 안타까움으로 남아 있어요. 결국 코칭 속에서 어떠한 결과도 낼 수 없었어요. '아, 그럴 수 있구나. 이게 사람의 힘으로 할 순 없구나' 싶었죠. 마음을 안 열면 어떻게 할 수가 없어요.

듣다 보니, 코치님이 누군가의 가능성을 발견할 수 없기보단 상대방이 받을 준비가 되어 있지 않으면 어떻게 할 도리가 없다는 생각이 드네요. 건강한 코칭이 되려면 코칭 받는 사람이 코치에게 주는 신뢰감이 아주 중요한 요소인 듯해요.

사실 코칭은 성장하고 발전하고자 하는 의지가 있는 사람을 대상으로 하는 거예요. 보통 저랑 코칭을 하게 되면 제 진심이 전해지고, 많은 경우 그렇게 신뢰가 쌓여 진행이 되는데 이 학생은 그러지 못해서 기억에 남아요.

방금 코치님께서 '성장과 발전에 대한 의지'라는 표현을 하셨는데 코치님이 생각하는 성장이란 무엇인지 궁금합니다.

저는 성장을 세 가지 차원으로 나눠 보고 싶어요. 먼저 감정을 다루는 능력의 성장. 이건 감정을 온전히 잘 느끼는 거예요. 감정이 생겼을 때 슬프면 울면 되고, 아프면 아파하면 됩니다. 즉 "나 마음이 아파"라고 표현할 수 있는 능력을 말해요. 나를 수용하고, 받아들이는 능력이죠. 우리가 누군가에게 슬픈 마음을 전하고 같이 아파하는 것, 즉 공감이죠. 실제로 한 사람이 아파하는 걸 수백 명이 같이 아파하는 단체가 있다고 전해 들었어요. 평생 아파할 것을 같이 아파하고 울어 주면서 평생 아파할 것을 몇 시간 안에 같이 공감을 하는 거죠. 저도 전에 일하던 직장에선 이런 공감이 목표였어요. 같이 일하는 동료들과 이야기 나누고 같이 울고 같이 아파하고… '내가 용납 받고 있구나'라는 마음을 심어주는 거죠. 그게 제가 하는 일의 핵심이었어요. 감정을 온전히 느낄 수 있도록 과거에 싸여져 있던 것들을 풀어내는 것이죠.

두 번째는 '나는 누구인가?'를 알아가는 거예요. 무언가 하고 싶다면 그게 왜 하고 싶은지, 나는 누구고 어디로 가는지, 그것을 알아가는 거죠. 사실 하고 싶은 일을 찾는 건 한걸음씩 가면서 찾는 거예요. 같이 조금씩 정리하면서 함께 찾아가는 거죠.

세 번째는 실행 습관을 가지는 거예요. 실제로 실행을 하다 보면 망설이는 습관, 걱정하는 습관, 생각 속에서 머무르는 습관 같은 것들이 밀려오거든요. 매주 할 수 있도록 습관을 만들어주는 거죠. 흔히 무슨 일을 할 때 '마감 전날에 그분이 오신다'는 표현을 쓰잖아요. 마감을 정하는 거죠. 사람들은 목표를 과하게 세우는 경향이 있어요. 다들 목표를 안 세운다고 걱정하는데, 안 세우는 게 아니라 너무 과하게 세우는 게 문제죠. 너무 큰 것이 아닌, 내가 할 수 있는 목표를 세우는 거예요. 작은 성취를 지속하는 것이 자존감이거든요. 자존감은 작은 성취를 통해서 생겨납니다.

이렇게 발전하고 성장하는 게 건강한 성장이라고 봐요. 어떤 사람들은 이 셋 중 한 가지만 강조하는데요. 사실 이게 각각 하나이면서 동시에 일어나거든요. 굳이 순서를 정한 건 감정이 없이는 앞으로 한걸음도 못 나가니까 제일 앞에 두고 있습니다.

"사람들은 목표를 과하게 세우는 경향이 있어요.
다들 목표를 안 세운다고 걱정하는데,
안 세우는 게 아니라 너무 과하게 세우는 게 문제죠.
너무 큰 것이 아닌, 내가 할 수 있는 목표를 세우는 거예요.
작은 성취를 지속하는 것이 자존감이거든요.
자존감은 작은 성취를 통해서 생겨나요."

갑자기 여쭤 보고 싶은 게 많아졌어요. 누군가는 코칭을 받으러 오면, 이미 감정이 처리된 상태일 수도 있지만, 누군가는 1단계에서 혼란스러운 상황일 수도 있잖아요. 이런 경우 코칭이 가능한가요?

정말 심각한 상태라면, '정신의학과'를 가야 합니다. 또 약 처방을 권유하기도 해요. 이 영역은 제가 할 수 없는 부분이죠. 코칭의 영역은 좀 더 수면 위에 있습니다. 한 마디로 제로에서 플러스로 가는 거죠. 사실 누구나 겪고 있는 우울함은 가볍게 볼 수도 있지만 심각한 우울증이 있는 분들은 혼자 이겨낼 수 없습니다. 전문적인 의료서비스를 받으셔야 해요.

이어서, '자존감'이란 개념을 여쭤보고 싶어요. 사실 저희가 자존감에 대해 오해하는 게, "나를 사랑해야 해"라면서 자기 몸에 손을 얹은 채 사랑 표현을 하며 '자존감'을 정신적인 부분으로 치환하기도 하잖아요. 하지만 작은 성취의 축적이 있어야 나의 존재감을 확인하고 자신감을 가질 수 있다고 보거든요.

'자존감'이란 부분을 좀 더 자세히 설명해주시면 좋겠습니다. 코칭에 있어서 '자존감을 세워나간다'는 것이 왜 중요한지, 실제로 어떻게 코칭 대상의 자존감을 세워 가시는지 듣고 싶어요.

저는 일단 자존감도 존재 수용적인 측면이 있다고 봐요. 그리고 다른 측면으로 '내가 할 수 있다'는 성취적인 자기 효능감의 측면이 있는 거죠. 두 부분이 건강하게 세워지는 게 중요하다고 생각합니다. 우선 나란 존재가 받아들여지는 것이 중요하죠. 그리고 실행으로 가면 '성취할 수 있는 나'를 발견하는 것이 중요하고요.

자존감이란 개념에 대해 사람들이 주로 오해하더라고요. 존재랑 직결되어 있으니 이해하기 힘든 개념이기도 하고요. 누군가의 무조건적인 품어줌, 그런 것도 중요하지만 차곡차곡 쌓아가는 작은 성취가 중요하지 않나 싶습니다.

한 가지 사례가 있는데요. 페이스북을 통해 알게 된 분이에요. '이분 정말 대단하다'라는 느낌이 들었죠. '이런 재능과 끼를 가지고 이 세상을 사는 게 얼마나 힘들었을까?' 싶기도 했어요. 실제로 만나고 나니, 그분도 저를 만나고 싶어 했더라고요. 서로 허심탄회하게 이야기를 나누고 꿈에 대한 실행계획을 정하고 헤어졌어요. 주위 사람들에겐 "그럴 때가 아니다!"라는 이야기를 들었다고 하더라고요.

사람들은 보통 쉬는 시간에는 '내가 왜 늘어져 있나' 싶어서 제대로 쉬질 못해요. '더 돈 벌어야 하는데, 열정적이어야 하는데'라는 생각에 빠지죠. 쉴 때는 미치도록 쉬게 만들어주는 게 중요해요. 가령 아이들한테도 "하루에 공부를 2시간씩 하는 것은 주말에 미치도록 놀기 위해서야"라고 말하는 거죠. 반대로 "이렇게 미치도록 노는 건 공부 잘 하기 위해서야"라고 말해주고요.
그럼 아이들은 주말에 미친 듯이 놀 수 있다는 생각에 눈이 빛
나기 시작해요.

다시 그분 이야기로 돌아오자면, 우선 그분이 잘 휴식하고 남
은 시간에 스스로에게 재밌는 걸 하도록 도왔어요. 그런 과정을
통해 만들어내는 것들이 작품이 될 것 같더라고요. 보통 증상을
해소하기 위해선 가둬놔야만 한다고들 생각해요. 물론 병원에
입원하는 건 좋다고 봐요. 하지만 입원이 목적은 아니잖아요. 배
가 항구에 있는 것이 배의 원래 목적이 아니듯이 사람이 마이너
스에서 제로가 되면 그 에너지로 다시 하고 싶은 걸 찾게 돼요.
마이너스에서 제로로 가는 것도 중요하지만 제로에서 날아오르
는 게 정말 중요하거든요.

진짜 하고 싶은 것, 내가 잘 하는 것, 우리가 사는 사회에서 그
것들을 가치로 만들어내야 합니다. 일단 내가 갖고 있는 것을 어
떻게 사람들이 살 수 있는 가치로 만들 것인가? 요즘은 유튜브
나 크라우드 펀딩 등으로 자신만의 컨텐츠와 제품을 만들도록
돕고 있어요.

아무리 좋은 것도 내 안에만 갇혀 있으면 소용없잖아요. 내가
가진 능력이 실제로 가치 있는 것으로 여겨지는 것을 목격해야
하죠. 수도사가 아닌 이상 혼자 자기를 찾아간다는 것은 불가능

하다고 봐요. 늑대와 살면 늑대가 되듯이 혼자서는 못 하는 거죠. 증명해내고 성취해내는 과정이 정말 중요해요. 요즘 노래하고 싶어 하는 친구들이 엄청 많거든요. '나는 노래를 잘하는 것 같아, 이 부분에 재능이 좀 있는 것 같아'라고 생각하지만 그 누구에게 확인 받지 못하고 혼자서 반복하니 자신감이 없는 거죠. 자신의 능력을 세상에 내어놓고, 전문가와 대중에게 평가를 받는 친구들은 '나 진짜 잘 한다'라는 확신을 갖거나 아니면 '정말 이건 아니구나'를 깨닫게 됩니다. 그런데 부모님들은 보통 무조건 "하지 마!"라고 해요. 그런데 이런 방식은 나중에 '부모님이 막지만 않았으면 내가 그때 그것을 잘 했을 텐데…' 하는 원망과 아쉬움으로 남거든요. 열심히 노력하고 세상에 결과물을 내놓았을 때 평가가 좋지 않으면 스스로가 상처를 받을 수 있겠지만, 그런 평가도 자신이 결정한 것이기 때문에 받아들일 수 있어요. 하지만 타인이 내 길을 막으면 원망과 아쉬움만 남죠. 실행, 평가, 결과, 그 과정을 스스로 경험하는 게 중요하다고 봅니다.

"아무리 좋은 것도 내 안에만 갇혀 있으면 소용없다"는 말이 특히나 인상적이네요. 마지막 질문을 드리고 싶습니다. '제로에서 날아오르는 게 중요하다'라는 사실, 한편으로 코칭이란 것의 핵심이 그게 있다는 생각이 들어요. 자기 스스로를 가두지 않게 해주고 그가 제로에서 날아오를 수 있도록 돕는 것. 그게 코칭 아닐까 싶네요. 제가 내린 정의가 괜찮은 정의인가요?(웃음)

한때는 "상담은 마이너스에서 제로로, 코칭은 제로에서 플러스로"라는 말을 했어요. 요즘은 그런 말을 하면 상담하시는 분들이 기분 나빠하실 거예요. 상담이 워낙 빠르게 바뀌고 있고 정말 하루하루가 다르거든요. 물론 아직도 기존의 전통적인 상담은 그런 면이 있긴 합니다. 문제 중심적이죠. 그런데 심리학자였던 아들러가 코칭의 아버지이기 때문에, 상담과 코칭을 구분한다는 게 어쩌면 안 맞는 말이기도 한 것 같습니다.

코치라는 건, '스스로를 가둬 두었던 존재가 스스로 날아오를 수 있도록 돕는 존재' 아닐까 싶어요. 제가 한 번 더 정의를 내려 봤습니다.

예, 그 가능성을 실행할 수 있도록 돕는 존재. 스스로 발견하고 실행할 수 있도록 돕는 존재. 발에 묶인 사슬을 스스로 풀고 날아오르도록 돕는 존재. 그게 코치입니다.

"예, 그 가능성을 실행할 수 있도록 돕는 존재.

스스로 발견하고 실행할 수 있도록 돕는 존재.

발에 묶인 사슬을 스스로 풀고 날아오르도록 돕는 존재.

그게 코치입니다."

정진 코치에 대하여…
펀투(임정현, 기타리스트)

　코치님은 '질문하고 들어주는 사람'입니다. 코칭에 대한 개념
이 전무하던 저는 내심 코치님이 저의 삶 전반에 '훈수'와 같은
구체적인 개입을 해주시길 기대했습니다. 불확실한 것을 견디지
못한 저의 두려움 때문이었던 것 같습니다. 코칭이 진행됐던 시
간 동안 코치님은 저의 일에 대한 그 어떤 판단이나 지시를 내
린 적이 없습니다. 다만 제 얘기를 들어주셨고 질문해주신 기억
이 대부분입니다. 코치님의 '경청과 질문' 덕분에 자연스럽게 저
는 제대로 된 목표를 설정할 수 있었습니다. 무엇보다 일의 핵심
을 더 또렷하게 볼 수 있었습니다. 집중력 또한 이전보다 높아졌
습니다. 달려가야 할 목표가 확실하다보니 중요한 것과 중요하
지 않은 일들을 분류할 수 있었고, 이는 집중력 향상으로 이어
졌습니다.

　저는 뮤지션이자 동영상 제작자입니다. 코칭 기간 동안 앨범
을 두 장 발매했고 유튜브 개인 채널은 운영 10년 이래 최대 성장

률을 기록했습니다. 지난 2년의 코칭 경험은 저 자신을 더 깊이 알아가는 과정이었습니다.

　2년 전 코칭 첫날 적은 노트를 오늘 차근히 읽어보았습니다. 저의 삶의 배경, 주요사건, 장단점, 앞으로의 계획 등등을 되짚어보는 시간이었더군요. 코칭 첫 날의 제 자신과 지금의 제 자신을 비교해보니 저에 대한 만족도가 더 높아졌다는 사실을 발견합니다. 꿈에 대한 비전이 막연함에서 구체적인 그림으로 바뀌었고, 인생에 대한 불안감 또한 안정과 희망으로 바뀌었습니다. 제 자신의 강점을 더 많이 찾게 되었습니다. 남들과 비교하기 쉬운 SNS 시대에 꿋꿋이 내 길을 지속할 수 있는 심리적 안정감도 얻었고요.

　코치님이 촉진해주신 여러 가지 동기부여 덕분에 주어진 환경에서 가장 만족스러운 결과에 도달하는 즐거움을 오늘도 경험 중입니다. 앞으로의 코칭과 창작활동도, 정말 기대됩니다.

Chapter. 5

나답게
살고 싶은
그대에게

자유(自由)는 자기(自己)의
이유(理由)로 걸어가는 것입니다.

_ 신영복

지난 번 인터뷰를 통해 '코칭'에 대한 정의 그리고 '코치'라는 존재에 대해 이야기를 나눴습니다. 오늘은 코치님이 코칭을 하게 된 동기, 그리고 코치가 되기까지의 여정에 대해 나눠보고 싶어요. 일종의 '코치님의 코칭 시작점'이라고 할 수 있겠네요.

학부를 졸업하고 신학대학원(쉽게 말해 목사가 되는 과정)을 준비하고 있었는데요. 어느 순간 무언가 제 삶에 다른 소명이 있다고 직감했어요. 그것이 무엇인지는 잘 모르겠지만 찾을 때까지 찾아봐야한다고 생각했어요.

당시 지금의 아내와 교제 중이었는데 아내는 제 결심에 좀 당황을 했어요. 목사를 한다고 했던 사람이 갑자기 그 길을 그만두겠다고 하니까요. 그런데 오히려 아내의 부모님께서는 저를 믿어주셨어요. 그것이 정말 큰 힘이 되었죠. 당시 제게 제일 힘들었던 건 "그럼 너 앞으로 뭐하려고 그러니?"라는 주변 사람들의 질문이었어요. 저 자신도 뭐 할지도 모르는 상황에서, 무작정 제가 하려고 했던 꿈을 그만 두는 것은 참 힘든 일이었거든요.

신학을 전공한 제가 신학을 그만두고 다른 걸 한다는 건 쉬운 일은 아니었습니다. 신학생이 다른 걸 한다는 게 당시로선 흔한 케이스가 아니었거든요. 그러던 중 변화심리 관련 서적인 〈네 안에 잠든 거인을 깨워라〉(앤서니 라빈스 저)를 읽게 됐어요. 이 책을 읽으면서 '아, 이렇게 사람의 마음을 도울 수 있다면 좋겠다' 싶었죠.

저는 대학생 시절부터 사람의 마음을 회복시키는 일에 항상 최선을 다했거든요. 그러다보니 "기도 좀 해 달라"는 부탁을 자주 받았어요. 지방까지 가서 누군가의 이야기를 들어주고 기도해주기도 했고요. 당시 '질문과 경청' 같은 건 몰랐어요. 제가 이야기를 들어주고 기도해준 분들이 회복되고, 상황이 좋아지더라구요.

'이렇게 사람의 마음을 돕는 일을 하면 좋지 않을까?'라는 막연한 마음으로 이곳저곳을 돌아다녀보았어요. 이메일도 정말 많이 보냈고요. 거의 100통은 보내본 것 같아요. 메일을 보내면 대부분은 답 메일이 안 왔어요. 그리고 답이 온 10통 중의 7통은 "우리 센터에 등록해보세요"라는 식의 광고였어요. 소수의 3명 정도가 저를 도와주려고 했는데, 그 중에 한 분을 찾아갔죠. 막상 가보니 보니 또 현실은 또 달랐어요. 그런데 그곳을 통해 다른 데를 알게 됐는데 NLP(Neuro-Linguistic Programming)라는 변화심리학을 배우는 곳이었어요. 그러다가 당시 제 친구가 코칭 공부를 하려던 중이었는데 그 친구하고 같이 코칭에 관한 수업을 듣게 됐습니다.

저는 코칭을 만나자마자 '바로 이거다!'라는 생각을 했어요. 그게 뭔지도 잘은 모르면서 '오, 이거야!' 이런 생각을 가지게 된 거죠. 전문코치가 되는 국제 인증 교육 과정이다보니 당시 수강료가 수백만 원이었어요. 꽤 오랫동안 진행되는 코스였죠. 당시 교회에서 사역자로 근무하며 한 달에 몇 십만 원 벌 때였거든요. 수강할 돈이 없었어요. 그런데 코칭은 꼭 해야겠더라고요. 일단 제옷 중에 제일 좋은 옷이라고 생각했던 은갈치 색 양복을 입고 찾아가서 "제가 코칭 수업을 듣고 싶은데 수강료를 6개월 분납으로 내고 싶습니다"라고 했어요. 센터에서 처음에는 안 해주려다가 결국 나중에는 분납을 허락해줬어요. 교육과정 신청을 하고 책들을 잔뜩 손에 들고 오는 길에 정말 많이 떨렸어요. '나 잡혀가는 거 아니야?' 싶었죠. 돈이 없었거든요. 당시 부모님도 재정적으로 여력이 없어 저에게 뭘 해주실 상황이 아니었어요. 오히려 저한테 미안해 하셨죠.

부모님께는 "뜻이 있는 곳에 길이 있습니다"라고 당당하게 말했지만 뒤에서는 덜덜 떨었어요. 그러다 이틀 뒤에 지하철에서 전화를 받았는데 한 크리스천 고등학교로부터 "기간제 교사로 일 해보지 않겠냐?"는 제안을 받았어요. 생각을 해보다가 '아, 이거구나!' 싶어 기간제 교사를 하며 다른 일도 병행하게 되었죠. 그렇게 두 군데서 일하며 생긴 재정으로 코칭과정을 배우게 됐어요.

두 군데서 일하시며 코칭까지 배우셨으면 엄청 바쁘셨을 듯싶어요.

코칭 과정은 주말에 몰려 있는 편이었고, 일하면서 배웠죠. 그뒤에도 다른 코칭 프로그램들을 공부하면서 일단 듣고 나중에

갚아 나가기도 했어요. 우여곡절 끝에 수천만 원어치 프로그램을 들었던 것 같아요. 그런데 너무 재밌었어요. 그 당시엔 코칭 과정에 푹 빠져서 정말 재밌게 들었던 기억이 있어요. 그렇게 코칭을 통해서 제 삶을 보게 됐죠.

코칭을 접하는 순간 아, 이거다! 싶었다고 하셨잖아요. 그렇다면 코치님 입장에서는 요즘도 코칭을 하면서 '이게 내 운명과 같다'는 생각을 종종 하실 것 같아요. 어떠세요?

사실 그 당시는 '코칭'을 직업으로 삼을 줄은 몰랐어요. 단지 정말 즐거웠죠. 푹 빠져버렸거든요. 마치 결혼할 사람을 만난 것과 같은 그런 느낌이요.

그 즐거움의 구체적인 이유는 뭐였나요?

나를 찾아가는 질문을 던지고 거기에 답하는 게 좋았어요. 나에게 수많은 질문을 던지고 나의 내면을 이야기하는 과정으로 진행됐거든요. 사실 코칭이 이론으로 되진 않아요. 내가 직접 받아봐야 하거든요. 내가 가 본만큼, 상대를 인도할 수 있다는 말도 있거든요. 전 아주 탁월한 분에게 코칭을 배웠습니다. 당시 교육을 받으며 생각했어요. '난 왜 이렇게 감정이 왔다 갔다 할까, 왜 이렇게 감정의 폭이 큰 거지?' 같이 수업을 듣던 친구는 항상 바위 같이 안정된 사람이었어요. 그 친구는 무슨 문제가 있어서

"힘들지?"라고 물어보면 "괜찮아, 잘 되겠지"라고 대답하거나 "애 키우기 힘들지"라고 하면 "뭐! 애는 스스로 크는 거지"라고 무덤덤하게 대답하는 친구였어요. 그땐 그게 너무 부럽더라고요. 저는 너무 감정적이어서 천국과 지옥을 오가는 사람이었으니까요.

그 때 수업을 진행하시던 선생님(코치)의 말이 큰 깨달음을 줬어요. "당신의 삶이 파도이고 스파크면, 더 그렇게 사십시오"라고 하셨거든요. 그 때 그 깨달음이 저를 많이 바꿔놨어요. 반대로 바위는 더 바위같이 살라는 거죠. 결국 너는 너로, 나는 나로 살라는 거였어요. 그러면서 알게 된 건 '더더욱 나처럼 살려면, 감정이 올라갈 때보다 내려갈 때 감정을 잘 다루어 줘야 하는구나.'라는 깨달음이었어요. 지금도 이 부분은 제게 아주 중요해요. 코칭은 전쟁터로 가는 느낌이거든요. '삶이란 전쟁을 하는 사람'을 코칭 하는 거니까요. 그래서 코칭이란 전쟁이 끝나고 나면 실제로 에너지가 주욱 빠져요. 그때 감정적으로 잘 내려오는 게 중요하거든요. 예전엔 '올라갈 땐 좋은데 내려올 땐 왜 그럴까' 싶어서 괴로웠어요. 그런 내가 싫었고요. 요즘은 코칭을 마치면 5-10분이라도 차에서 죽은 듯 잘 쉬다가 회복합니다.

방금 말했던 바위 같다는 그 친구는 저와 같이 강의를 해도 처음부터 끝까지 아주 잔잔하게 잘 해요. 세세한 코칭 과정은 아무래도 그 친구가 더 잘 하죠. 저는 빠르게 감정적으로 진행하는 편이에요. 제가 사람들의 마음에 불을 붙이면, 그 친구가 마무리하는 것이 좋더라고요. 여기서 불을 붙이는 사람은 '저'인 거죠. 이게 소소한 깨달음이지만, 제 인생에선 큰 깨달음이었어요. 사실 저 같은 사람은 늘 쉬는 것을 용납 못하거든요. 감정이 올라갔다가 떨어질 때는 어떻게 잘 떨어지느냐가 중요해요. 온전히 쉬면서 나를 용납해주는 거죠.

그리고 지난번에도 이야기했듯, 다른 사람한테 자꾸만 기대하기보다는 '아, 웃는 사람을 보면서 우는 마음을 알아채는 것은 내가 잘 하는 거구나. 이게 나구나.'라고 깨달은 순간 제가 가진 강점에 너무 감사하게 되더라고요. 그렇게 생각의 전환이 오며 제가 제 인생의 미로를 탐험하면서 배운 노하우로 다른 사람의 인생의 미로에도 들어가서 도와줄 수 있었다는 점이 저를 신나게 했죠.

"수업을 진행하시던 선생님(코치)의 말이 큰 깨달음을 줬어요.
'당신의 삶이 파도이고 스파크면, 더 그렇게 사십시오'라고
하셨거든요. 그 때 그 깨달음이 저를 많이 바꿔놨어요.
반대로 바위는 더 바위같이 살라는 거죠.
결국 너는 너로, 나는 나로 살라는 거였어요."

어쩌면 코칭이란 영역을 만난 게 코치님 인생의 힐링 같습니다. 그런데 사실, 목회도 코칭과 겹치는 부분이 있다고 보거든요. 그렇다면, 목회 영역에서 충만함, 만족을 못 느낀 이유는 무엇이었나요? 목회로도 기여가 가능하지 않았을까요?

제가 'YWAM'이란 단체에서 활동하며 항상 느꼈던 게 있어요. 찬양 인도를 15년 정도 계속 했거든요. 수줍음이 많던 제가 때론 이천 명 넘는 사람들 앞에서 찬양인도도 하고 정말 신나게 활동을 했죠. 당시 학생들을 보면 정말 뜨겁게 반응하며 함께 찬양했어요. 주제는 동일했죠. 희망과 기쁨, 그리고 회복을 지향했습니다. 함께 하는 학생들이 지치고 무언가에 갇혀 있으면 '기회다!' 싶어 감정을 표현할 수 있도록 돕고 같이 울어주는 거죠. 그 과정에서 계속 심리학에 관심이 많았어요. 내적 치유, 상담 등등 그런 계통으로는 안 가본 데가 없어요.

당시 저의 관심은 '마음을 어떻게 회복하지'에 있었어요. 오랫동안 내적치유 등의 심리 프로그램들을 경험하면서 심적으로 마이너스에서 제로까지는 올라왔는데 그 이후에 무엇을 해야 할지 길을 몰랐던 거죠. 할 게 없으니 또 내적 치유만 하는 거고요. 상처 속으로 들어가고 또 들어가고, 그랬던 같아요. 그러면서 슬슬 '이건 아니다' 싶던 차에 코칭을 만나며 제로에서 플러스로 제 삶이 날아오르는 경험을 했어요. 와! 내가 날아오르는구나, 그걸 느꼈습니다.

사실 코칭은 한국인들의 정서를 다루기에는 좀 부족하다고 생각해요. 서양에서 만들어지고 정리되어서 아무래도 그렇죠. 코치들 사이에서도 "한국에서는 코칭만 하면 안 된다. 심리 상담도 같이 공부해야지"라는 말이 있어요. 결국, 제 나름의 경험의 시간들이 코칭이란 것과 합쳐지면서 다른 사람이 할 수 없는 하나의 대체 불가한 저만의 기술을 가지게 된 것이라고 봐요.

다른 사람이 할 수 없는 부분이란 건 구체적으로 무슨 의미인가요?

목회에 대한 경험이 도움이 된 것 같아요. 목회를 통해 사람은 말로 쉽게 변화하지 않는다는 믿음을 배웠죠. 사람은 끝까지 믿고 함께할 때 진정한 자신의 존재를 찾잖아요. 결론적으로, 저는 심적으로 힘든 사람이 진정 힘을 얻고, 결과를 낼 수 있도록 돕는 데 자신이 있거든요. 실제로 오랫동안 결과를 냈고요. 그게 저 나름의 기술인 거죠.

그리고 코치님과의 인터뷰를 진행하며 듣게 되는 단어 중, 제가 좋아하는 단어가 바로 '기여'라는 단어입니다. 정확한 시점까진 알 수 없겠지만, 처음 코칭을 경험하고 힐링 받고 나를 발견하면서, '아, 기여하고 싶다'라는 마음이 충만하게 불타오르던 특정한 시기 같은 게 있었나요?

저는 '내가 잘 한다'고 생각하면 기여한다고 봐요. 예를 들어, 작가님은 잘하시는 게 글쓰기일 테고, 혹시 또 다른 무언가 잘하시는 영역이 있나요?

공 멀리 던지는 건 좀 잘 해요.(웃음)

만약 작가님 앞에 공을 잘 못 던지는 사람이 있으면 어떻게 하시겠어요? 그에게 "너는 왜 이것밖에 던지지 못하냐"고 욕을 하거나 화를 내는 것이 아니라 "이렇게 해볼래?"라고 말하실 거예요. 보통 내가 잘 한다는 것에 기쁨이 있고 그것을 전수할 때 희열이 있거든요. 그건 본능이에요. 비극은 "네가 나처럼 해야 해"라고 말할 때 일어나요.

가령 수영선수 박태환이 우리들에게 "너는 나만큼 수영을 잘해야 해!"라고 하진 않잖아요. 누구나 봉사활동을 가면 자연스럽게 기여의 마음이 생겨나거든요. 사실 기여 자체가 내 만족을 위해서 하는 거예요. '내가 이런 존재고, 무언가 가치 있는 걸 해줄 수 있다는 것'에 엄청난 만족을 느낄 수 있거든요. 결국 기여한다는 것은 나 자신이 가치 있는 존재가 되는 방법이죠.

사람들이 어떻게 해서든지 기부하려는 이유도 여기에 있다고 생각합니다. 정말 의미 있는 일을 하려는 이유도 거기에 있고요. 사람들 모두가 조금이라도 의미 있는 일을 하며 살고 싶어 하거든요. 결국 그게 사람들이 가장 원하는 거라고 봐요. 저 역시 예전엔 '나처럼 나를 알아주는 사람이 없어, 내 부모도 내 스승도 나를 몰라주는 구나'라고 생각하며 서운해 했지만 어느 순간 '나처럼 할 수 있는 사람이 없구나! 왜냐면, 나는 나니까'라는 걸 깨닫게 된 거죠. 그 뒤론 저 같은 사람을 기대하기보단 서로 기여할 수 있는 팀을 만들어가고 있어요.

이어서 드리고 싶은 질문이 있습니다. 오늘 이야기를 나누며 저에게 재밌던 포인트는 바위 같다던 친구에 대한 이야기에요. 코치들도 기질이나 유형은 다양할 것 같거든요. 그렇지만 코치라면 마땅히 품어야 할 가치가 있다고 봐요. 가령 그게 한 사람에 대한 따뜻한 눈일 수도 있고요. 코치라면 마땅히 품어야 할 가치관 같은 것이 있을까요?

음, 굉장히 깊은 질문 같습니다. 저도 어쩔 땐, 자꾸만 '나처럼 사는 게 당연한 거 아니야?'라는 기준을 들이 밀 때가 있거든요. 그런데 사실 그럴 수 없잖아요. 저는 이것만 훈련하고 연구해온 사람이니까요. 그렇다면 제가 정말 이타적인가, 를 생각해 볼 때, 저는 제가 특별히 이타적이라고 보지 않습니다. 저는 제가 다른 누군가를 위해 산다고 보진 않아요. 기본적으론 제 만족을 위해 사는 거죠. 타인에 대한 이타심이나 긍휼히 여기는 마음이야 늘 있다고 생각하지만요.

주신 질문에 대한 답을 정리하자면 기본적으로 타인에 대한 이타심, 기여하려는 마음, 자신을 사랑하는 마음이 코치에겐 중요하다고 봐요. 코칭을 받는 사람 스스로가 할 수 있도록, 그에게 내가 가진 것으로 기여하고 그도 나처럼 성장할 수 있도록 공간을 마련해주는 거죠.

방금 하신 표현이 아주 인상적이네요. 공간을 마련해준다는 건 무슨 의미인가요?

스티븐 코비 코치가 〈성공하는 사람들의 일곱 가지 습관〉에서 얘기한 한 대목을 인용하고 싶네요. 스티븐 코비 아들이 어렸을 때 야구를 잘 못했다고 해요. 야구장에 들어서면 야구 방망이를 그냥 막 휘둘렀대요. 그걸 보며 처음에는 "이렇게 해 아들! 아니! 아니! 이렇게!" 이런 식으로 설명을 한 거죠. 그랬더니 계속 자신감을 잃고 못 하더래요. 어느 순간 아내랑 얘기하면서 아들에 대한 도움을 멈추었다고 해요. 아들과 심리적으로 좀 떨어져서 방관한다는 느낌을 가질 정도로 아들을 놓아 준거죠. 처음에는 아들이 "나를 왜 놔두세요? 이젠 안 도와주세요?"라며 서운해 하더래요. 부모는 그 시간을 믿음으로 견뎌준 거죠. 결국 아빠의 믿음 덕분에 아들은 스스로를 믿고 노력했고, 후에 야구를 잘 하게 됐다고 하더라고요.

이게 저에게는 잊히지 않는 비유에요. "너 이렇게 해! 이렇게 하라고!"라는 말만 듣다 보면 '나는 이렇게 하세요, 라는 누군가의 조언을 들어야만 하는 부족한 존재구나'라는 생각에 빠지거든요. 누군가의 도움만 받으며 살게 되면 자신을 '누군가의 도움이 필요한 존재'로 여기며 '스스로 할 수 없는 존재'라고 여기게 되요. 어떤 사람은 거리를 두고 지켜보는 데 더 타고나죠. 저는 도와주는 게 더 쉬운 사람이어서 도와주려는 마음을 실행하지 않고, 견뎌내는 게 더 어려운 사람이에요. 제 입장에선 차라리 도와주면 편한데 그 사람이 스스로 할 수 있도록 저도 안하고 견디는 거죠. 왜냐면 그는 스스로 할 수 있는 존재니까요. 그건 내가 안 도와줌으로써만 증명할 수 있는 믿음의 행위입니다.

그래서 그 공간, 상대방의 인생이란 그 공간에 제가 들어가면 안 되죠. 상대의 공간을 인정해주는 그 행위 자체가 그를 믿음으로 바라보는 거예요. 상대는 가끔 넘어지지만 그러면서 배우게 됩니다. 그 배움을 함께 나누고 배움을 통해 성장하도록 돕는 것! 그게 코치의 역할이에요. 자녀를 키우면서 더 많이 느낍니다. 보통 부모 입장에서 차라리 자녀의 실수를 안 보거나 아예 부모가 손을 써버리면 편하거든요. 그런데 그걸 지켜보며 기다리며 견뎌내야 하니 부모들도 너무 힘든 거죠. 아이가 중학생이 되면 아이는 더 이상 부모의 도움을 원하지 않아요. "좀 내버려둬"라고 말하죠. 그런데 말은 그렇게 하지만 또 아이라서 실수를 합니다. 그걸 보면서 내버려두기도 하고 또 도와주기도 해야 하니… 그 부분이 부모들에게 정말 어려운 부분이에요.

저는 가장 대표적이면서도 가장 기초적인 사랑의 방식이 '경청'이라고 봅니다. 듣고 질문해주고 스스로 할 수 있도록 배려해주고 지지해주는 것, 그게 사랑의 능력이 아닐까요. 실제 연구 결과를 보아도 스스로 작은 것을 성취해갈 때 자존감이 성장해가거든요.

"주신 질문에 대한 답을 정리하자면
기본적으로 타인에 대한 이타심,
기여하려는 마음,
자신을 사랑하는 마음이
코치에겐 중요하다고 봐요.
코칭 받는 사람이 스스로 할 수 있도록
그에게 가진 것으로 기여하고
그도 나처럼 성장할 수 있도록
공간을 마련해주는 거죠."

예, 오늘도 좋은 이야기들이 폭포수 같이 쏟아지는 기분입니다. 어느새 마지막 질문을 드릴 때가 됐네요. 지난번 대화 때 제가 '코칭이란 무엇이냐'는 질문을 드렸습니다. 그때 코치님은 '경청과 질문을 가지고 스스로 답을 찾을 수 있도록 돕는 도구'라는 표현을 쓰셨어요. 그 말을 들으며 제게 인상적인 포인트는 '스스로'라는 키워드였어요. 저는 그 '스스로'라는 말이 코칭에 있어서 본질적인 요소라고 보거든요. 제가 제대로 이해한 게 맞나요?

"코칭에서 고객이란 자기 스스로 성장하려는 의도가 있는 사람들"이란 말이 있습니다. 사실 아무것도 안 하려는 사람은 코칭의 대상이 아니에요. 방에 들어가 안 나오는 사람은 코칭보단 상담의 영역을 경험해야 하죠. 더 심각하다면 정신과가 필요하고요.

씨앗은 환경만 주어지면 자라잖아요. 한자 '人(사람인)'자처럼 서로가 서로를 받쳐주고 환경만 마련해주면 사람은 성장할 수 있거든요. 이미 씨앗처럼 인간은 모든 가능성을 가지고 있는 거죠. 성장하지 못하고 있다면 씨앗이 땅에 안 묻혔던지, 너무 깊이 묻혔던지, 아니면 영양분이 없던지, 쓰러졌던지, 이 네 가지 중에 하나일 거예요. 이런 영역을 도와주면 스스로가 성장하고 발전해서 자기 존재대로 열매 맺는 거죠.

인간의 기본적인 가능성이란 게 있습니다. 그런데 자신이 어떤 종류의 씨앗인지 자기도 모를 수 있어요. '쟤는 사과를 맺는

데 왜 나는 고구마가 열린 거지?'라고 생각하고 있는 거예요. 하지만 자기 존재를 알면 더 이상 비교하지 않습니다. **인간을 볼 때 '가능성이 있는 존재'로 바라보는 거죠.**

결국 좋은 코칭 혹은 좋은 코치의 전제조건은 '한 사람을 어떻게 바라볼 수 있느냐'에 있다는 생각이 드네요.

예, 맞습니다.

"인간의 기본적인 가능성이란 게 있습니다.
그런데 자신이 어떤 종류의 씨앗인지
자기도 모르를 수 있어요.
'쟤는 사과를 맺는 데 왜 나는 고구마가 열린 거지?'
라고 생각하고 있는 거예요.
하지만 자기 존재를 알면 더 이상 비교하지 않습니다.
인간을 볼 때 '가능성이 있는 존재'로 바라보는 거죠."

Chapter. 6

가능성을
발견하고 싶은
그대에게

사람들은 달에 갈 생각만 하느라
자기 발밑에 핀 꽃을 보지 못한다.

_ 알베르트 슈바이처(의사, 노벨평화상 수상자)

오늘 이야기의 시작은 '약간 비판적인 관점에서 생긴 의문'으로 해볼까 합니다. 코칭은 상담과는 '결'이 다르잖아요. 물론 완전히 둘을 구분할 순 없겠지만요. 코칭은 상담에 비해, 좀 더 가능성을 같이 발견해가고 코칭 받는 사람에게 '긍정적인 기운'을 불어넣는 행위라는 생각을 해봤습니다.

그런데 어찌 보면 코칭은 코칭을 받는 사람한테 지나치게 긍정적인 것만 강조하는 거 아닌가 싶은 생각도 들었습니다. 현실을 직시할 수 있게 돕기보다는 장밋빛 미래만 그린다고나 할까요. 물론 코칭의 본질이 그런 건 아니겠죠. 코치님의 생각을 듣고 싶습니다.

정말 좋은 질문입니다. 바버라 에런라이크가 집필한 〈긍정의 배신〉을 보면 긍정이 어떻게 사회를 망가뜨려왔는지 잘 나와 있죠. 미국의 금융위기 전 "금융위기가 올 것이다"라고 하면 매장되는 분위기였다고 합니다. 무조건 긍정적으로 "경제는 성장한다"면서 직진하는 거죠. 그러고 나서 사회가 얼마나 힘들어졌는지에 대해 〈긍정의 배신〉에서 이야기합니다. 과거 역사를 살펴보면 대량 해고가 생겨나기 시작했을 때 가장 잘 이용된 존재가 코치들이었어요. 이게 무슨 말이냐면 대량 해고를 한 뒤 해고당한 노동자들에게 코치를 붙여준 거죠. 자기 계발을 하면 얼마든지 재취업이 가능하다는 식으로 "노력하면 누구나 취업이 가능하다"라고 이야기한 것 입니다.

대량 해고했을 때 불거질 수 있는 회사의 책임이나 구조적 문제를 외면하고, 대량 해고 때 받을 수 있는 회사에 대한 비난을 줄

가능성을
발견하고 싶은
그대에게

이기 위해 코치를 활용한 셈입니다. 사회 전체적으로 취업이 어려운 분위기였고 구조적으로 문제가 있는데도 "노력하면 할 수 있다"고 말하며 개인의 노력만을 강조한 거죠. 그 중심에 코치가 있었습니다. 이것을 보며 '나 역시 언제든 코칭을 그런 식으로 악용할 수 있다'는 생각을 하게 됐습니다.

제 생각을 정리하자면 이렇습니다. 코칭이란 것이 하나의 도구인데 그것을 이제 좀 전체적인 맥락과 개인적인 맥락에서 같이 생각해야 하지 않을까 싶은 거죠. 전체 그리고 개인 양쪽에서 다 볼 수 있으려면 코치의 건강한 인식과 철학이 필요합니다. 그렇지 않으면 위에서 말한 개인적인 접근만을 하게 되거든요. 전체적인 관점에서 나 자신을 볼 수 있게 하는 것 역시 코치의 역할입니다.

아주 단순하게 말하면, '코치의 역량'이 정말 중요해 보입니다. 코칭이란 도구를 가지고 악용할 수 있으니까요. 코칭 받는 사람의 눈이 어두워지게 할 수도 있고 때론 자기도 모르게 건강하지 않은 코칭을 진행할지도 모르니까요.

가령 "누구나 노력하면 백만장자가 될 수 있다"라고 말한다면 그건 속임수라고 생각합니다. 코칭뿐 아니라 과거 종교 안에서도 "네가 노력만 하면 엄청난 돈을 벌 수 있다"는 식의 메시지를 던지곤 했잖아요. 반대로 말하면 "네 문제는 네가 노력을 안해서

다"라는 메시지였던 거죠.

그래서 코칭이 무섭기도 합니다. 저는 최대한 질문으로 중심을 유지하려고 해요. 코치의 의식을 확장하는 게 중요하다고 봅니다. 그래서 코치가 본 만큼, 가본 만큼, 코칭을 받는 사람도 갈 수 있는 거죠. 코치의 의식이 큰 그릇이여야 큰 질문을 던질 수 있습니다. 그래서 코칭이란 것이 두렵고 떨리는 일이죠.

당장 돈 많이 버는 게 전부인 코칭도 있습니다. 실제로 돈을 벌게 해주는 코칭도 있어요. 질문도 결과도 그렇겠죠. 물론 그게 반드시 나쁘다는 건 아닙니다. 저도 예전엔 입시 결과를 내야 하는 친구들을 만나기도 했고, 현재는 단기적으로 수익을 내야 하는 CEO들을 만납니다. 학생들이 입시로부터 완전히 탈출하지 않는 이상, 학교 안에서 단기적인 결과도 내야 하는 거죠. CEO 역시 기업을 포기하지 않는 이상, 돈을 벌어야 하고요. 일단은 당장 100미터 달리기 선상에 선 겁니다. 하고 싶은 건지 아닌 건지를 떠나서 일단 달리고 있는 셈이죠.

코치의 역할은 지금 이 순간 최대한 좋은 결과를 내도록 돕는 겁니다. 시험 기간 중 학생들은 항상 스포츠 경기를 한다는 느낌을 받잖아요. 학생들이 시험 보기 한 달 전 잘 뛸 수 있도록 돕는 것이 코치의 역할이죠. 부정적인 감정들을 처리하고 잘 달려갈 수 있도록 합니다. 시험이 끝나고 나서는 좀 더 깊은 부분을 다루기도 하고요.

CEO들이 처해있는 환경도 전쟁터거든요. 깊은 질문을 다루기엔 당장 눈앞에 불난 것과 같은 상황이 많기 때문에 좀 더 여유가 생겼을 때 '내가 이 일을 왜 하고 무엇을 향해 가는지' 등의 근원적인 질문을 해나갑니다.

"코칭이란 것이 하나의 도구인데
그것을 이제 좀 전체적인 맥락과 개인적인 맥락에서
같이 생각해야 하지 않을까 싶은 거죠.
전체 그리고 개인 양쪽에서 다 볼 수 있으려면
코치의 건강한 인식과 철학이 필요합니다."

우리가 항상 사회적인 영향을 받고 있다는 걸 인식해야 해요. 그렇다고 "이건 모두 사회적인 책임이다, 혹은 모두 개인적인 노력이다!"라고 정하는 건 옳지 않고요. 저는 '두 개 다 맞다'고 생각해요. 아무리 사회 시스템이 탄탄해도 개인적인 노력이 없다면 이상적인 나라에 가도 똑같다고 생각해요. 아무리 사회가 뒷받침을 해줘도 개인적인 노력이 중요하다는 거죠. 우리나라의 경우 과거엔 무조건 '개인적인 노력!'을 강조했죠. 사실 개인적인 노력에만 책임을 지우기엔 사회적인 책임이 큰데 개인적인 노력만 이야기했던 겁니다.

반면 요즘 청년들이 말하는 '헬조선'이라는 말, 충분히 공감합니다. 구조적인 문제가 심각하죠. 그런데 전쟁터라고 그냥 죽을 순 없잖아요. 오히려 전쟁터일수록 할 일은 많은 것 같아요. 아픈 사람들이 많으니까요. 하다못해 상처에 붙이는 작은 밴드를 판매하는 일을 할 수도 있다고 생각해요. 전쟁터에서 살아가면서도 가치 있고 의미 있는 일을 할 수 있도록 돕는 게 코치의 역할이 아닐까 싶습니다.

"의식을 확장하는 게 중요하다고 봅니다.
그래서 코치가 본 만큼, 가본 만큼,
코칭을 받는 사람도 갈 수 있는 거죠.
코치의 의식이 큰 그릇이여야 큰 질문을 던질 수 있습니다.
그래서 코칭이란 것이 두렵고 떨리는 일이죠."

제가 봐도 기업 CEO를 코칭 할 때는 당장의 일 처리가 중요할 듯싶습니다. 그런데 제가 아는 정진 코치님이라면 CEO의 깊은 감정 같은 게 보일 것 같아요. CEO의 깊은 곳에 있는 아픔이 보일 수 있는 거죠. 하지만 당장의 결과가 중요하기 때문에 감정에 빠져있을 수도 없을 테고요. 그러한 긴장감에서 오는 괴로움이 코치님에게 있을듯합니다. 마음으로 감정을 다뤄주고 싶은데 당장의 결과가 중요하니 말이죠.

저도 코칭에 임하기 전엔 폭풍 속으로 들어가는 느낌이에요. 그래서 꼭 개인적으로 고요한 시간을 가져요. 폭풍 속에 들어갔을 때 내 안에 안정감이 없으면 폭풍 속으로 같이 휩쓸려 들어가게 되거든요. 중심을 잡는 게 너무나 중요합니다.

코칭을 받는 분들로 하여금 좀 더 중심을 잡게 하고 좀 더 휴식하게 하고, 다시 한 번 '내가 누군지'를 보게 합니다. 다들 저보다 많은 영역에서 훌륭한 분들이거든요. 오히려 잠깐 쉬게 하고, 직원들 욕도 제 앞에서 편하게 하고, 실컷 힘들다는 이야기하고 나면 너무 속 시원해 하세요. 누구에게도 하지 않았던 이야기, 직원에게도 가족에게도 하지 않던 이야기를 저한테라도 하는 거죠. 그냥 그 자체를 이야기할 수 있다는 데 의미가 있습니다.

어떤 분들은 '사업을 계속 해야 하는지'를 결정해야 하는 상황에 처해 있기도 합니다. 배가 이미 출발을 했으면 다음 항구에서 내리든지 아니면 다시 더 큰 항해를 향해 갈지 정해야 할 때가 오거든요. 일단 버텨야 할 때는 고통의 시간이 어느 정도 계속됩니다. 이럴 땐 코치와 코칭을 받는 사람이 함께 괴로운 시간을 보내야 합니다. 다음 항구가 오기 전까지는 일단 계속 가야 하기 때문이죠. 그러나 그만두게 하는 것도 코치의 큰 역할이라고 봐요. 보통 그만두지 못하거든요. 우리 인생도 그렇잖아요. 빨리 그만두는 게 중요한데 그간 기울인 내 노력이 아깝잖아요. 그러다가 감정적으로 재정적으로 둘 다 힘들어지는 거죠. 저도 예전에 스타트업을 해나가면서 얻은 교훈들이 있어요. '만약 빨리 그만 뒀다면…' 그런 교훈이 있었거든요.

그렇군요… 그리고 순간 궁금한 게 생겼습니다. 코치님은 어쨌거나 전쟁터에 있는 CEO를 만나면 같이 전쟁터로 들어가야 하잖아요. 그랬을 때 코치님 스스로는 에너지를 어떻게 채우시는 편인가요?

우선 저도 심리 상담을 받고 개인 코칭을 받습니다. 자꾸 전쟁터에 노출되니 심장박동수가 치솟곤 하거든요. 애플워치로 '심장박동수'를 확인해보면 두 배 가까이 치솟을 때도 있어요. 아마 이런 건 코칭을 받으시는 분은 잘 모를 거예요. 말도 많이 하지 않으니 코치는 평안하구나 생각할 겁니다. 사실 레이더를 확 펼쳐서 그 안에 있는 무엇인가를 발견하기 위해서 온갖 신경을 뻗어놓은 상태라고 보면 됩니다.

지난번 대화 때 "코칭을 마친 뒤 차에 탔을 때 무언가 내려오는 훈련을 하고 있다"고 하셨잖아요. 그 부분을 자세히 이야기해주셨으면 해요.

중심을 잡는 겁니다. 지난번에 말씀드린 스노우 볼이 흔들어 놓으면 천천히 가라앉듯이, 내 생각이 뒤죽박죽 되어있을 때 잠잠히 머무는 거죠. 영어로 표현하면 'MINDFULLNESS'입니다. 생각 자체를 없앨 순 없잖아요. 생각을 가라앉히고, 고요하게 만드는 거죠. 차에 앉아서 힘을 빼면서 잠깐 죽은 듯 쉼을 취한다, 라고 보시면 돼요. 더 많이 쉬고 온전히 쉬며 다시 채워가는 거예요.

제가 항상 하는 건 감정일기를 쓰는 거예요. 감정일기는 지금 내가 느끼는 감정을 있는 그대로 글로 적는 거예요. 그리고 사람들의 대화, 친구들과의 대화, 전문가들과의 만남도 중요해요. 그래야 감정적으로 건강할 수 있거든요. 여기에 더하자면 육체적인 운동이 필요하죠. 정서적인 부분과 육체적인 부분이 같이 채워지지 않으면 무너질 수 있어요. 그 둘은 서로 영향을 주고받거든요. 이런 전반적인 관리를 끊임없이 하지 않으면 건강한 코칭을 하기 어렵습니다.

아, 듣기만 해도 코칭이란 게 정말 만만치 않겠구나 싶습니다. 그리고 코칭이란 게 결국 한 사람의 삶을 담아내고, 또 흘려보내야 하는 거잖아요. '아, 정말 벅차다' 싶을 때도 있을 듯해요. '참 벅차다' 싶을 때는 언제인가요?

너무 많은 코칭을 해서 정서적으로 쉴 시간이 없었던 적이 있었어요. 쉽게 말해 코치로서의 레이더가 꺼질 시간이 없었던 거죠. 안 되겠더라고요. 안 되겠다 싶어서 하루를 빼서 잠만 잤던 적도 있고요. 제 몸과 정신에 과부하가 오면서 아프기도 했어요. 코칭이란 게 온 힘을 다해 몸을 써야 하거든요.

그래도 코칭은 제가 제일 잘 할 수 있고, 저에게 가장 의미 있는 일이에요. 그런데 그렇다고 코칭을 계속하며 관리하지 않으면 육체적으로나 정신적으로 아플 수 있으니 관리하는 게 중요해요. 사실 하고 싶은 일을 안 하는 게 어려운 일이잖아요. 안 해야 할 때 하지 않고, 해야 하는 것에 우선순위를 집중하는 게 정말 어려운 것 같습니다.

예, 안 해야 할 때 하지 않는 것. 누구에게나 참 어려운 일이라고 봐요. 그리고 제가 코치님 입장이라면, 코치님 정도 되고 나면 빠지기 쉬운 함정 같은 게 있을 것 같아요. 가령, '답이 보인다는 것'이죠. 들으면 딱 견적이 나온다고나 할까… 그래서 듣기가 싫어지고 듣더라도 형식적으로 듣게 되고요. 적당히 속일 수 있는 기술도 생길 테고요.

코치님께서는 누구를 만나든 보물을 만나는 마음으로 만난다고 했는데 식상함과의 싸움으로 힘든 적은 없었나요?

이런 말을 코치가 한다는 게 어떨지 모르겠지만 요즘 제일 와 닿는 말은 '사람은 고쳐서 쓰는 게 아니다'라는 말이에요. 어떤 면에서 사람은 정말 안 변하는 것 같아요. 이 말씀을 드리는 이유는 결국 제가 하려는 노력과 열정을 가치 없게 여기는 사람이 어딘가는 있기 때문이에요. 그게 소중하다고 못 느끼는 사람인 거죠. 그러면 제가 도울 수가 없어요. 어떠한 질문을 받으려 하지도 않고, 그러면 도움을 줄 수 없는 거죠. 그런데 간절함, 하고 싶은 마음만 있다면 그 안에 있는 보물을 찾는 거야 저에게는 굉장히 즐거운 활동 같아요. 어떻게 보면 믿음의 차원이거든요. 만약 제가 누군가를 보며 '진짜 한심스럽다'라는 생각을 하면 당연히 안 되겠죠.

지난번에 하신 이야기를 이어서 해봤으면 해요. "코칭은 결국 가본만큼 갈 수 있다"고 하셨는데요. 아무래도 코치님이 살아온 환경은 제한적이잖아요. 가령 코치님의 부모님 둘 다 살아계셨고, 외형적으론 편부모 가족이 아닌 거잖아요. 4년제 대학을 나오셨고요. 이건 사실 코치님만의 환경인 건데 실제로 만나는 사람들의 환경은 너무나 다양하니까요.

내가 경험하지 않은 감정이나 환경을 경험한 사람을 코칭하려면 한계를 인정해야 할지도 모르겠어요. 이런 부분들은 어떻게 해결하고 계신가요? 딱 부딪혔을 때 '아, 이건 내가 경험한 감정이나 환경은 아닌데…' 싶을 때 말이에요.

근본적으로 '경험한 환경의 차이'가 중요하긴 합니다. 이건 '인간에 대한 심리'와 연결되어 있어요. 인간을 얼마나 연구해 봤는가? 어떻게 반응하고 어떻게 감정을 느끼는가? 등의 심리적인 연구나 사회적인 연구가 중요합니다. 하지만 기본적으로는, '내가 아는 것이 먼지 만큼이다'라는 걸 인정하는 게 가장 중요해요.

"근본적으로, '경험한 환경의 차이'가 중요하긴 합니다.
이건 '인간에 대한 심리'와 연결되어 있어요.
인간을 얼마나 연구해 봤는가?
어떻게 반응하고 어떻게 감정을 느끼는가?
등의 심리적인 연구나 사회적인 연구가 중요합니다.
하지만 기본적으로는,
'내가 아는 것이 먼지만큼이다'라는 걸
인정하는 게 가장 중요해요."

그건 달리 말해 '겸손'일 수 있겠네요.

원래 자기 자신을 아는 게 겸손이죠. 코칭을 할 때 수많은 질문들을 던지게 됩니다. 그런데 같은 질문이라도 질문을 하는 타이밍이 정말 중요합니다. 예를 들어, "무엇을 하든지 실패하지 않는다면 당신은 무엇을 도전 하시겠어요?"라는 간단한 질문을 던질 때도 코칭 초기와 중간, 그리고 코칭을 오랫동안 진행하고 질문할 때 각각 그 결과가 다릅니다. 그때의 감정 상태 그리고 다양한 상황에 따라 혹은 저와의 친밀도에 따라 그 결과가 다르죠. 시기적절하게 그 사람에게 맞는 질문을 던져야 합니다. 그렇게 하려면 계속 훈련하고 질문해보는 수밖에 없어요. 많은 질문을 던지고 또 실패를 경험합니다. 그러다 결국 하나의 질문으로 승부를 보는 날이 옵니다. 쉽게 말해 쭉쭉 질문을 찾아가다가 어떤 하나의 질문이 상대의 마음 깊이 뚫고 들어가는 거죠. 코칭에서 한 단계를 넘어가는 순간이에요. 그렇게 한 단계 한 단계 그렇게 다음 단계로 가는 겁니다. 이렇게 같이 탐험해가는 거죠.

가령, 제가 여행을 많이 해봤다면, 그 다양한 경험이 새로운 여행지를 갈 때도 다시 도움을 줄 겁니다. 이걸 마음으로 비유하자면, 제 마음을 오랫동안 여행했던 경험이 있으니 그것을 가지고 다른 사람의 마음도 함께 여행할 수 있는 것 같아요.

결국 가본만큼 가볼 수 있다는 건, '내가 나의 마음을 얼마만큼

잘 돌아다녔느냐'라는 의미와 연결이 돼요. 그렇다고 '내가 다 다녀봤고 다 안다'라는 식의 의미는 아닌 것 같고요. 그저 저는 코칭을 하며 70억 명의 서로 다른 미지의 영역을 탐험을 하고 있는 셈입니다.

여행에 대한 비유가 참 좋습니다.

그리고 조금은 추상적인 질문을 드리고 싶어요. 코치로서 코칭 대상과 맺어야 할 친밀함 같은 게 있다고 봐요. 물론, 서로간의 신뢰감도 중요할 테고요. 제가 생각하기엔 친밀하지 않더라도 서로 신뢰할 수 있다고 보거든요. 가령 대중들은 오바마 대통령과 개인적인 친분이 없지만 신뢰를 보내는 편이잖아요. 물론 코칭을 할 때 친밀하면서 신뢰까지 준다면 더 좋겠죠. 반대로 친밀하지만 신뢰하지 못할 수도 있다고 봐요.

코치로서, 코치이(코칭 받는 사람)와 맺어가야 할 신뢰감과 친밀함에 대해서 듣고 싶습니다.

저는 신뢰감이 하루아침에 생긴다고 보지 않아요. 오바마의 경우도 많은 사람의 증언과 축적된 데이터가 쌓이고 쌓여 신뢰감이 형성된 거겠죠. 갑자기 그가 이해할 수 없는 행동을 했다면 대중의 신뢰는 깨졌을 거예요.

저는 최소한 1달이 지나기 전에는 코칭을 하는 대상과 마음이 이어지기 어렵다고 봐요. 코칭을 받는 사람 입장에서 '코치가 성적을 올리는 것 밖에는 관심이 없구나', '저 코치는 돈밖에 관심이 없구나' 이런 식의 생각을 한다면 신뢰가 쌓이기 어렵겠죠.

코칭 할 때 저는 대부분 약속시간보다 30분정도 먼저 가 있어요. 시간 약속에 늦는 것 자체가 신뢰감을 잃는다고 생각하거든요. 약속시간을 지키는 일이 사소하다고 여겨질 수 있는 부분이지만 그런 것들도 잘 지켜가면서 일관되게 행동해야 합니다. 제가 하는 모든 행동을 통해서 코칭을 향한 열정이 드러날 수밖에 없어요. 그냥 코칭비 받고 끝낸다? 그러면 신뢰가 떨어지지 않을까 싶어요. 더 많은 걸 줘야 해요. 어떻게 보면 코칭도 서비스니까요. 어떤 사장님은 손님이 가게를 나서면 나가서 보이지 않을 때까지 손을 흔든다고 하더라고요. 정말 쉬운 일은 아닌 거죠.

친밀함에 대해서도 이야기해주시면 좋겠습니다. 특히 청소년들에겐 친밀함이 중요할 듯 싶거든요. 왠지 CEO들은 신뢰도가 중요할 것 같고요.

저에게 한 가지 능력이 있다면 흔히 말하는 '초딩과도 함께 할 수 있는 능력'이에요.(웃음) 친밀함은 결국 그 사람이 하는 걸 함께 할 수 있는 것이라 생각하거든요.

대단한 능력이라고 봅니다.(웃음)

가능성을
발견하고 싶은
그대에게

제가 코칭 했던 한 친구는 코칭을 진행하기가 어려웠어요. 그 친구와는 처음 만나서 코칭이 아니라 같이 그저 스마트폰 게임을 했어요. 함께 놀고, 함께 웃는 시간을 보냈죠. 그런데 이 친구가 나중엔 정신과 약도 끊고, 심리적으로 안정되고, 너무 좋아졌어요.

사실 저에게 그 친구와 함께하는 코칭시간은 완전히 저의 삶을 내려놓는 일이었어요. 그 친구와 제가 카페에서 총 쏘는 게임하고 있으면 지나가던 사람들이 '저 아저씨는 카페에서 왜 어린 애랑 저렇게 게임을 하나?' 하는 눈빛으로 저를 쳐다보기도 했고요. 저 스스로도 '내가 지금 뭐하고 있나'라는 생각이 들기도 했죠. 하지만 그 아이에게 가장 필요한 건 그것이었어요. 함께 노는 것, 그저 함께 하는 것 말이죠. 그 어떤 말보단 같이 게임해주는 친구가 그 친구에겐 필요했던 거예요.

어찌 보면 이 친구는 제 삶을 내려놓게 만든, 제가 코칭을 해야 한다고 하는 틀을 내려놓게 만든, 그런 친구였어요. 차라리 제가 코칭 질문을 했다면 제 마음은 쉬웠을 거예요. 초딩과 함께하는 친밀함이 필요했기 때문에 쉽지 않았던 거죠. 게임을 하면서 욕도 참 잘하던 친구였고요.(웃음)

이건 기독교적 관점으로 말하자면 거의 예수님이 인간의 옷을 입은 거나 다름없어 보이네요.(웃음)

이 친구가 게임하면서 막 욕을 하면 "너 욕 굉장히 잘한다. 유튜브 방송 해봐라. 요즘 유튜버들도 욕 잘해야 하더라" 제가 그렇게 말하곤 했어요. 그랬더니 "아니에요, 저 욕 잘 못해요.(웃음) 안 할게요" 그러는 거 있죠. "아니야, 너의 욕은 타고난 것 같아" 제가 그렇게 웃으며 맞장구를 쳤죠. 그렇게 함께 게임하고 욕하며 몇 년간 코칭을 했어요. 후에 최종적으로 코칭 세션을 마무리할 때는 제 가슴 정도 오던 아이의 키가 저보다 더 커져 있었죠. 정신과의사의 추천으로 먹던 정신과 약도 다 끊은 상태였고요. 그 친구의 어머니와 저 모두 많이 아쉬워서 같이 펑펑 울었죠. 정말 보람 있었어요.

듣다 보며 순간 든 생각이 있습니다. 좋은 코칭이 되려면 철저히 고객 중심으로 가야한다는 생각입니다. 단순히 내가 가진 기질이나 나의 재능을 활용하기보다는 계속해서 코칭을 받는 사람과 함께 하면서 그 사람에게 필요한 것을 주는 거죠. 설령 내게 불편하더라도 그 사람에게 필요한 것을 주는 것. 코치님이 그랬듯, 초딩 친구와 혼연일체가 되어 게임까지도 함께 할 수 있는 것이 좋은 코칭에 있어 필요한 부분이 아닐까요?

다시 하라고 하면 하기 힘들 것 같아요.(웃음)

마지막 질문을 드리고 싶어요. 코치로서 가장 보람을 느끼는 순간? 혹은 짜릿한 순간은 언제인가요?

가능성을
발견하고 싶은
그대에게

진짜 많기는 해요. 저는 그런 것 같아요. 기쁨을 못 느꼈던 사람들이 기쁨을 느낄 때, 자신이 가능성이 없다고 생각했는데, 자신의 가능성을 발견하고 행복해 할 때, 그리고 각자 나름의 결과들을 하나씩 이뤄나갈 때, 그게 제일 의미 있고 짜릿한 것 같아요. 깊은 슬픔을 가진 사람이 기뻐할 수 있도록, 가능성이 없다고 생각한 사람이 자신의 가능성을 가지고 살아갈 수 있도록 돕는 사람이 저거든요.

지금 코칭하는 분 중에 사업하시는 분이 있어요. 자기 한계를 끊임없이 극복해 온 정말 뛰어난 분이에요. 날마다 한계를 극복해온 그 분 근처에 있는 것만으로도 제가 많이 배우게 되죠. 이야기를 듣다보면 정신이 번쩍 나기도 하고요. 그런데 이 분은 계속 작은 실수들을 반복하다 보니 지쳐 있었어요. 또 계속 결과를 내야 하니 자신이 실수한 부분만 끊임없이 보고 있더라고요. 사실 사업을 하면 잘할 때도 있지만 실수를 하기도 하고 어려움을 겪잖아요. 계속 그런 상황에 오랫동안 있던 분이었죠. 그런데 코칭을 진행하면서 짧은 기간 안에 자기 힘을 찾아가고 회복해가더라고요. 그러곤 다시 전사처럼 목표를 향해 뛰어가는 모습을 보니 제가 너무 기대가 되는 거죠. 제가 그 분에게 "아직 시작도 안했습니다"라고 했는데요. 저는 정말 그분의 20년 후가 기대돼요. 20년 전에, 그분을 지금 알아서 정말 다행이고 제가 그분께 도움을 줄 수 있다는 게 정말 행복합니다. 마치 묻혀 있는 주식에 투자하는 듯한 느낌이에요. 저는 사람에게 투자를 하는 거죠. 아무

도 보지 못한 보물을 발견하고 투자하고 더 나아가서 한 사람의
인생이 회복된다면 저로선 그게 최고의 행복이에요.

"기쁨을 못 느꼈던 사람들이 기쁨을 느끼고,
자신이 가능성이 없다고 생각했는데
자신의 가능성을 발견하고
행복해 할 때, 하나씩 이뤄나갈 때,
그게 제일 의미 있고 짜릿한 것 같아요.
슬픔을 가진 사람이 기뻐할 수 있고,
가능성이 없다고 생각한 사람이
자신의 가능성을 가지고 살아갈 수 있도록
돕는 사람이 저거든요."

정진 코치에 대하여…
안혜린(사업가)

저는 4년 전 창업을 한 후로 하루도 빠짐없이 긴장 속에서 과로하며 지내다 창업 3년 차를 맞이하였던 작년에는 죽음의 계곡으로 불리는 데스밸리 구간에서 공황장애를 겪게 되었습니다. 외부의 도움이 없이는 일상적인 업무가 불가능할 정도가 되자 신앙을 기반으로 한 심리 상담이 가능한 분을 찾게 되었고, 마침 정진 코치님과 일정을 맞출 수 있게 되어 12주간의 코칭을 시작하였습니다.

코치님과의 1:1 코칭은 철저히 저에게 집중할 수 있는 기회를 주었다는 점에서 그 무엇보다 값진 경험이었습니다. 그동안 사업 자체에 몰입하느라 저의 인생에서 정작 저 자신이 빠져있는 삶을 살아가고 있었는데, 일주일에 한 번 시간을 내어 차분히 감정을 돌아보고 스스로를 챙길 수 있었습니다. 이는 코치님께서 저의 스케줄에 맞춰 장소와 시간을 조정해주셨고, 코칭 시간 중에도 늘 저를 존중하며 자존감을 높여주셨기 때문에 가능했습니다.

짧은 대화에도 코치로서의 간섭이나 조언 등을 통해 직접적으로 정답을 주시기보다는, 저 스스로가 천천히 답을 찾아가는 과정을 함께 걸어가며 힘든 순간들을 담담하게 지나보낼 수 있도록 도와주셨습니다. 12주라는 기간 동안 저는 코칭 시간뿐만 아니라 갑작스럽게 찾아온 고통의 순간들에도 코치님께 긴급 연락을 드리곤 했습니다. 그 때마다 매번 저의 상황을 이해하시곤 저의 입장에서 감정을 추스를 수 있도록 챙겨주셨고, 이런 신뢰를 바탕으로 한 애정 어린 응원들로 인해 마음 깊은 곳에서 큰 위로와 안정을 얻을 수 있었습니다.

지금도 여전히 업무는 바쁘지만 코치님과의 코칭의 결과 덕인지 마음이 한결 공고해졌습니다. 사업과 저 본인을 구분해서 아낄 줄 알게 되었고, 저의 몸과 마음을 건강하게 지키기 위해 잠깐의 순간이라도 내어 한 번 숨을 고를 수 있는 여유도 낼 수 있게 되었습니다. 사람이 한 순간에 변하지 않듯이 코칭도 하루아침에 이루어지지는 않습니다. 마이너스의 상태에서 제로로, 제로에서 플러스의 상태로 변화하는 데에는 어느 정도의 시간과 꾸준한 노력이 반드시 필요한 것 같습니다. 혼자서 이러한 상황 속에서 힘들어하시는 분이라면 정진 코치님과의 코칭을 통해서 천천히 변화하는 모습을 지켜보시기를 추천 드립니다.

Chapter. 7

인생의 즐거움을
발견하고 싶은
그대에게

"그리고 찰나인 '지금, 여기'를 진지하게 춤추고, 진지하게 사는걸세.
과거도 보지 말고, 미래도 보지 말고, 완결된 찰나를 춤추듯 사는 거야.
누구와 경쟁할 필요도 없고 목적지도 필요 없네.
춤추다 보면 어딘가에 도착하게 될 테니까."

- 《미움 받을 용기》 중에서

오늘은 제가 얼마 전 읽었던 코칭 관련 서적에 대한 이야기로 시작하고 싶습니다. 그 책의 저자는 인생을 '거대한 물 미끄럼틀'에 비유하더라고요. 미끄럼틀 안에 물이 있어야 뻑뻑하지 않게 잘 내려올 수 있다는 얘기였습니다. 저자는 코칭이 그러한 역할을 한다고 이야기하더군요.

정신과 의사이며 베스트셀러의 작가인 스캇 펙이 쓴 〈아직도 가야 할 길〉란 책의 첫 문장은 '인생은 고통이다'로 시작합니다. 대학생 시절에는 이 책을 처음 읽으며 '뭐 이런 염세주의자가 다 있나' 싶었죠.

정말 인생은 고통이잖아요. 심장이 뛰고, 숨을 쉬며 살아가는 것, 그 자체가 고통인 거죠. 자녀를 사랑하는 것도 고통을 선택한 것이라고 생각해요. 걱정하고, 조바심을 느끼고, 거절 당할까 봐 두렵고, 그런 게 다 고통인 거죠. 그런데 삶에는 고통과 기쁨이 늘 공존하잖아요. 사실 그 둘을 때어낼 수 없다고 봐요. 그게 인생이니까요.

그러나 조금이라도 더 의미 있고 가치 있는 것으로, 재미있는 것으로 고통스러울 것인가, 아무 의미도 없고 재미없게 고통스러울 것인가는 차이가 있겠죠. 인생은 고통이니까 기왕이면 좀 더 재미있고 가치 있는 것으로 고통스러우면 어떨까, 그게 삶이 아닐까라는 생각을 하는 거죠.

조금 더 자세히 물어보고 싶은 게 있어요. 코치님은 인생을 바라볼 때 '고통'을 전제로 깔고 있다고 봐도 될까요? 만약 그렇다면 그 이유는 뭔가요?

제가 그렇다고 염세주의자는 아니고요. 사람의 인생이란 게 태어남부터 시작해서 늘 힘들잖아요. 심지어 아기들이 출산의 과정에서 겪는 고통은 역시 정말 크죠. 그렇게 자라나고 세상에 적응하며 살아가고 심장이 항상 뛰어야 하고, 이 모든 순간순간이 고통이라고 봐요. 그래서 저는 행복이란 것이 '이 고통을 잘 느낄 수 있도록 하는 것'이 아닐까 생각해요. 예전에는 좋은 것 기쁜 것만 행복이라고 생각했다면 지금은 그러한 기쁨의 순간은 우리 삶의 극히 일부이라고 봐요. 대부분의 삶은 고통의 연속이 아닐까, 두려워하고 힘들어하고 아파하고… 또 그 속에 있는 기쁨도 행복의 일부겠죠. 그러나 작은 기쁨 이면에는 두려움과 기쁨과 힘듦 등 다양한 그런 감정과 함께 고통이 깔려 있잖아요. 성장이 고통이죠. 성장통이라는 말도 있잖아요. 심장 뛰는 게 고통이고 살아감이 고통인데 그것을 받아들이는 게 삶을 살아가는 것이 아닌가 싶어요. 인생이 원래 고통임을 알고 인정하면 기쁨에 더 기뻐할 수 있고, 고통은 그냥 삶이니까 고통스러워도 힘을 낼 수 있는 거죠.

"작은 기쁨 이면에는 두려움과 기쁨과 힘듦,

뭐 암튼 다양한 그런 감정과 함께 고통이 깔려 있잖아요.

성장이 고통이고, 성장통이라는 말도 있듯.

심장 뛰는 게 고통이고, 살아감이 고통인데,

그것을 받아들이는 게 삶을 살아가는 것이 아닌가 싶어요."

인생의 즐거움을
발견하고 싶은
그대에게

그래도 코치님이랑 저는 같은 기독교에 기반한 이야기를 나누고 있잖아요. 혹시나 코치님의 코칭이 누군가의 종교관과 충돌했던 적은 없나요?

특정한 종교관과 충돌하기보다는, 세계관과 세계관이 충돌하는 경우가 있어요. 인간은 원래 그냥 가능성이 없고 아무것도 아닌 존재라고 생각하는 그런 가치관을 가진 사람이 있더라고요. 무가치한 존재고 그냥 이렇게 살다가 죽는 존재라고 생각하는 거죠. 사실 그런 가치관은 제 세계관과 충돌해요. 전 인간이 기본적으로 소중하고 가치 있다고 보거든요. 실제로 삶 자체가 의미가 있잖아요. 그런데 아무 의미 없고 막 살다가 남도 해치다가 조금이라도 더 남을 짓밟으며 나만 잘 살다가 죽는 게 인간의 삶이라고 생각하는 사람이 있더라고요. 그런 세계관을 가진 사람에게 영향을 주는 건 어려운 일 같습니다.

그렇죠, 삶에 대한 전제 자체가 다르니까요.

예, 진짜 다른 것 같습니다.

그렇다면 그러한 충돌이 있을 때 어떻게 돌파하시는 편인가요?

사실 이야기가 안 되면 어쩔 수 없고요. 그게 결국은 누군가에게 그렇게 영향을 받았다는 거예요. 영향을 받은 대상이 부모일 가능성이 아주 큽니다. 부모를 통해서 받았던 게 프로그래밍 되어 있는 셈이죠. 설령 부모님이 돌아가셔서 옆에 계시지 않아도 마음속의 프로그램은 그대로 남아 있어요.

그 프로그램을 저와 함께 한 번 점검해보고, 그것이 과연 현재도 만족스러운지, 그것이 정말 나를 위해 유익한 것인지 이야기 나누는 거죠. 마음이 있다면 같이 이 작업을 해나가는 겁니다. 이런 작업을 해나갈 마음조차 없다면 어떻게 할 수가 없어요. 최소한 저랑 마음을 나누고 이야기하고 토론할 마음이 있다면 그런 것에 대해서 이야기 나눌 수 있겠죠.

얼핏 보기엔 잠잠해 보여도 사실 코칭이란 건 세계관과 세계관의 엄청난 충돌로 보입니다.

맞습니다.

그걸 충돌로 끝내면 안 되고 겹치는 부분을 끊임없이 찾아가고 그 안에서 무언가를 만들어내는… 물론 그 과정이 인위적이어선 안 될 테고요. 그래서 코칭이 어려운 것 같아요.

결국엔 코칭은 말이 아니에요. 그냥 제 행위 자체, 제 존재 자체가 그 사람에게 메시지라고 봅니다. 그러니까 함께 있는 것. 그냥 침묵하는 것. 그래도 그를 믿는 것. 그래도 아무 소리 안 하는 것. 설령 그가 "다 그만 둘 거야!"라고 하더라도… 어제 전화통화를 하던 중, 코칭을 받던 분이 "다 때려치우고 그만 두고 싶어요!"라고 했어요. 전 그냥 아무 말 안 했어요. 그냥 아무 말도 안 하고 함께 있는 것! 그게 메시지인 거죠. '그래… 그럴 수 있다.' 그렇게 받아주는 거죠. 그리고 그를 기대해주는 것. 그렇기 때문에 제 존재 자체, 행위 자체가 그런 메시지가 되도록 중심을 가져가야 하는 거고요.

무엇보다 마음 훈련을 하지 않으면, 계속해서 내가 뭔가 '사랑'이라는 명분을 가지고 그를 바꾸려고 하는데, 그를 바꾸려 하는 행위 자체가 그에게는 사랑이 아닐 수 있거든요. 좋은 의도를 가진다고 꼭 좋은 결과로 이어지진 않거든요. 아무리 좋은 뜻을 가지고 있어도 부모가 공부하라고 자녀를 강요하고, 자녀는 부모의 잔소리를 참아내고, 그런 건 사랑이 아닐 수 있어요. 그가 진정 스스로 할 수 있도록 기다려주는 것, 그게 사랑의 능력인 거죠. 그 능력을 어떻게 훈련해갈 것인가, 그것이 중요해요. 전 능력은 훈련해야 한다고 보거든요. 저절로 되는 게 아닙니다. 감정적으로 사랑한다고 되는 게 아니라 감정적 사랑에 실제로 사랑의 능력이 있도록 훈련해가야죠.

누군가를 사랑한다면 끊임없이 누군가를 사랑하기 위한 훈련을 해나가는 것이 진짜 사랑이에요. 감정 에너지나 분노 에너지를 어떻게 실행 에너지로 전환할 것인가, 어떻게 그가 사랑을 느끼도록 상대방의 방식대로 전달할 것인가? 그건 단순히 말로 될 수 없어요. 말은 극히 일부거든요. 제 삶, 저의 존재 자체가 메시지입니다. 존재가 말보다 더 위대한 메시지인 셈이죠.

순간 코치님의 엄청난 열정 같은 것이 느껴졌어요.(웃음) 코치님은 코치이
(코칭을 받는 사람)를 만났을 때마다 '네가 진정 원하는 바가 있을 거야'라
는 생각을 하시는 것 같아요. 그러면서 계속해서 하나하나 발견해나가시는
거죠. 이렇게 표현해도 맞나요?

　예, 맞습니다. 원하는 게 없을 수가 없죠.

표면적이 아니라, 진정으로 원하는 것이 누구에게나 있는 것이겠죠.

"결국엔 코칭은 말이 아니에요.
　그냥 제 행위 자체, 제 존재 자체가
　그 사람에게 메시지라고 봅니다.
　그러니까 함께 있는 것.
　그냥 침묵하는 것.
　그래도 그를 믿는 것.
　그래도 아무 소리 안 하는 것이죠"

인생의 즐거움을
발견하고 싶은
그대에게

구체화되지 않았을 뿐, 더 가치 있고 더 재밌는 것을 향한 열망이 우리 모두에게 숨겨져 있어요. 우린 보통 TV 보면서 웃잖아요. 때론 화도 내죠. 그러한 감정 표현 이면에 '내가 가치 있게 여기는 것'이 있다고 보거든요. 가령, '한국 공교육'을 향해 화를 낸다면, 왜 그렇게 화를 내는 걸까요? 그건 한국 공교육에 대해서 신경을 많이 쓰고 있다는 증거죠.

또한 왜 그렇게 계속 그림을 그리고, 글을 쓰고, 특정 캐릭터를 좋아하는 걸까요. 왜 사람들은 특정 연예인을 좋아할까요? 저는 그런 거 하나하나가 신비이고 수수께끼라고 보거든요. '**나는 좋아하는 것을 잘 몰라**', '**나는 그냥 심심해서 끄적이는 것일 뿐이야**,' 다 그렇게 생각을 하지만 마음속에는 진정 가치 있게 여기는 게 있다는 증거죠. 애인에게 혹은 자녀에게 화를 내며 잔소리를 할 때는, 거기에 가치 있게 여기는 것이 있다는 뜻인데, 진짜 가치 있게 전달되도록 표현하지를 못하는 것 같아요. 그냥 화를 내고, 잔소리를 해버리니 서로 미워하게 됩니다. 그것을 사랑으로 전달하도록 훈련해야 하고, 진정 다른 사람들이 그것을 가치 있게 눈으로 볼 수 있도록 결과로 만들어내야 합니다.

이어서 드리고 싶은 질문이 있습니다. 제가 얼마 전 읽은 책에 자주 등장했던 '풍요로움'이란 키워드에 관한 질문인데요. 코치님께서는 이전 인터뷰를 통해 "코칭을 받는 사람이 진정한 풍요로움을 누릴 수 있도록 돕고 있다"는 취지의 이야기를 하기도 했고요. 코치님에게 있어서 인생이 풍요롭다는 건 어떤 의미인가요?

　가령, 지금 햄버거를 먹을 때 햄버거 맛을 100% 느낄 수 있느냐, 그것이 풍요로움 같아요. 내 자녀와 있을 때 자녀의 눈빛과 100% 호흡할 수 있는가? 걸을 때 바람을 느끼고 향기를 맡을 수 있는가? 그것이 풍요로움이죠. 어떠한 경우 자녀와 있을 때, '아, 얘가 나중에 잘못 되면 어떡하지?' 혹은 '내가 이 아이를 잘 키울 수 있을까, 내가 전에 실수를 해서 이 아이의 성격이 잘못된 거야' 등등 후회와 미래에 대한 두려움으로 지금 이 순간의 대부분을 놓쳐버리곤 하죠. 지금 이 순간은 다시 돌아오지 않거든요. 지금을 놓친다면 미래를 놓치는 셈입니다.

　마실 때는 그저 마시고, 먹을 때는 그저 먹고, 걸을 때는 그저 걷는 겁니다. 운전 할 때는 그저 운전하고, 대화 할 때는 그저 대화하는 겁니다. 현재를 100%라고 말해보죠. 그 현재를 누리는 것이 50%였다면 55%로, 55%였다면 60%으로 넓혀가는 것이죠. 걱정과 두려움으로 채우는 대신 말이죠. 그게 풍요로움을 넓혀가는 거 아닐까 싶어요.

　아이의 눈을 바라보며 호흡하고 입을 맞추고 볼을 대고… 사실 살면서 제일 행복한 게 그거잖아요. 그런데 자꾸 그걸 나중으로 미뤄두는 거죠. 그러다가 다신 안 오는 겁니다. 애들의 마음은 이미 떠나있고, 아빠와는 이미 사이가 멀어졌기 때문에 나중에

인생의 즐거움을
발견하고 싶은
그대에게

아이들이 크고, 아버지도 시간이 있을 땐 이미 서로 어색한 거죠. 지금 이 순간을 누리는 게, 정말 중요합니다.

방금 하신 코치님의 이야기는 마치 한 명의 구도자나 영성가가 던지는 이야기 같습니다. 그렇다면, 인생의 풍요로움이 실제 코칭과 어떻게 연결이 되는 것인지 궁금해지네요.

이전에도 여러 번 이야기했던 마인드풀니스(mindfulness), 즉 지금 현재를 살아가는 것입니다. 이것은 절대적으로 훈련이라고 생각해요. 보통은, 인생 속에 있는 쓰레기에 집중하고 있거든요. 한 심리학자의 말에 의하면 10명의 사람이 있으면 2명의 사람은 날 싫어하고 7명은 내게 관심 없고 1명은 나를 좋아한다고 하더군요. 내가 행동을 아무리 열심히 해도, 아니면 그렇지 않아도, 어차피 그 사람들의 마음은 그대로라는 겁니다. 그런데 걱정거리를 끌어안은 채 걱정하고 후회하며 '날 미워하는 사람'만 보는 거죠. 나를 사랑하는 사람은 보지 않고요. 그런 방식의 사고를 바꿔나가는 겁니다. 이건 훈련이고 습관이고 근육입니다.

우리는 보통 하루의 많은 부분을 후회하고 걱정하는 데 쓰는데, 그럼 거기에 100% 내 삶을 뺏기는 셈이에요. 만약에 60을 뺏겼다고 하면, 40만 가지고 나의 일을 하고 내 주변을 돌봐야 하는데, '진정 현재를 사는 순간'을 조금이라도 늘려가는 겁니다. 그것이 풍요로움이 아닐까 싶어요. 좀 거창하게 말하자면, 이건 의식

훈련입니다. 사고 전환이라고 표현할 수도 있고요.

그렇다면, 그런 부분들이 자연스럽게 코칭과 연결되어 있다는 것이죠?

예, 그게 코칭의 핵심이긴 합니다. 다른 시각으로 보는 거죠. '내 인생은 망했다'에서 '내 인생은 즐거움도 있다'로의 전환, 그리고 내 인생의 즐거움에 집중을 하는 거죠. 가치 있는 것에 집중하는 겁니다.

예, 무슨 말씀인지 알겠습니다.

물론, 타고난 사람도 있어요. 저의 아내는 제가 뭐라고 하든 다 좋은 뜻으로 받아들이는 것 같아요.(웃음) 자신만의 필터를 통해 제가 '자기가 예쁘다, 상대가 자기를 사랑한다'로 받아들이는 거죠. 또 그렇게 실제로 살고 있고요. 그런데 저는 그 필터를 가지고 태어나지 않았어요. 오히려 그걸 훈련한 케이스입니다. 그래서 저는 그걸 안 가진 사람들을 도와 줄 수 있는 것 같아요.

그것이 없는 사람의 고통을 아실 테고요?

예, 저는 그런 영역이 보이니까요. 제가 한 걸음 한 걸음 걸어왔기에 그들을 이해하고, 도울 수 있는 것 같습니다.

인생의 즐거움을
발견하고 싶은
그대에게

답이 너무 좋네요. 이어서 질문 드립니다. 코칭이 마무리되는 시점이라는 게, 보통 언제인가요? 누군가 코칭 가운데 잘 성장하다가 끝나는 순간이 있을 것 같거든요. 그것이 재정적인 이유일 수도 있고요.

사람이 가진 습관이라는 것이 있기 때문에 일단은 하나의 습관을 잡는 데 3개월에서 6개월의 시간이 걸립니다. 사실상 최소 6개월 정도는 돼야 어느 정도 습관이 잡혀 그렇게 살아갑니다. 누구나 코칭을 계속하면 제일 좋긴 하죠. 코칭을 하는 저도 코칭을 받고 심리 상담을 받거든요. 그렇게 자기를 관리하고 해나가는 게 중요해요.

가령, 스포츠 선수도 절대 혼자 운동하지 않고 스포츠 코치를 고용하잖아요. 그런 개념입니다. 라이프 코치도 마찬가지죠. 물론 코치를 고용 안 한다고 운동을 못 하는 건 아니지만, 누군가를 통해 자신을 객관화시킨다면 훨씬 좋은 성과가 나올 수 있죠. 그걸 위해서 코치를 고용을 하는 서비스가 코칭인 겁니다. 스포츠 코치의 개념과 정확하게 일치한다고 보시면 됩니다. 한 개인의 성장을 위해서 스포츠 코치처럼 관리하는 거예요. 최소 6개월? 계속하면 좋습니다. 저도 코칭을 받으면 좋거든요.

그런 의미에서 코칭이라는 용어에 대해, 아직까지 일반인들 사이에서는 편견도 있는 것 같아요. 지금 이렇게 설명을 들어보면, 사실 코칭이라는 게 굉장히 자연스러운 거잖아요. 그런데 누군가 나의 라이프를 코칭 해준다는 것에 대해 사람들의 인식이 전환되려면 시간이 필요해 보이거든요. 그건 코칭이라는 용어가 한국에 들어온 지 오래되지 않아서일 수도 있을 테고요. 코치님께서 코칭을 하시며 그런 벽을 느낄 때가 있지 않나요? 코칭이라는 개념에 대해 설명을 해야만 알아듣는다든지…

사실 물이 안 들어왔는데 노를 저을 수는 없죠. 하지만 미국이나 유럽 같은 경우는 "내 코치가 유명한 그 사람이야", "내 상담사는 그쪽에 정말 전문가야!" 등등 코치와 상담사를 자랑하는 문화가 시작되고 있다고 해요. 마치 현재 우리가 "요새 나 트레이너 두고 있어" 그런 것처럼. 요즘에는 개인 PT(퍼스널 트레이닝)가 저렴해졌지만, 몇 년 전만 해도 개인 트레이너를 두는 것은 연예인이나 상류층만의 자랑거리였잖아요.

잠시 농구 이야기를 해보자면, 미국농구 최고의 스타 르브론 제임스는 자신의 몸에 1년에 천문학적인 돈을 투자하거든요. 전 세계 최고의 축구 스타 호날두도 마찬가지고요. 실제로 두 선수 모두 나이를 뛰어넘는 능력을 발휘하고 있어요. 그 둘이 자기 관리하는 모습을 보면 진짜 멋져 보여요. 단순히 그들이 돈이 많아서가 아니라 '진짜 저 선수들은 더 잘하고 싶은 열망으로 가득 차 있구나' 싶거든요.

르브론 제임스나 호날두나 다 개인 코치를 두고 있을 테고, 그걸 아무도 어색하게 느끼지 않잖아요. 그런 의미에서 '라이프 코칭'이라는 게 사람들에게 더 자연스러워지는 때가 오지 않을까 싶네요.

추가로 하나 더 말씀드리자면, 저는 개인의 의지만으로는 변화하기 어렵다고 생각합니다. 저에 대해서도 마찬가지고요. 인간은 시스템 안에 들어가야 해요. 그 시스템을 만드느냐, 그것이 중요한데 코칭도 그 시스템 중에 하나입니다. 될 수밖에 없는, 그렇게 만들 수밖에 없는 시스템에 나를 집어넣어 버리는 거죠. 가령, 어떤 연예인이 영화를 찍기 전에 몸을 안 만들면 영화 못 찍고, 돈도 못 받는다고 하죠. 그러면 그 연예인은 죽어라 몸을 만들 겁니다. 몸을 만들 수밖에 없는 상황에 들어가서 전문 코치를 두고, 엄청난 고통 속에서 좋은 몸을 만드는 거죠. 할 수밖에 없는 상황에 자기를 넣는 겁니다. 그렇게 될 수밖에 없도록 말이죠.

한편으로, 대한민국 국민 같은 경우는 코칭이 더 필요하다고 느껴집니다. 우리나라는 어릴 때부터 자발적으로 기다려주기보다는, 틀을 만들어 주다 보니 스스로 잠재력을 끌어내는 근력이 아무래도 부족하거든요. 일도 즐거워서 하는 사람이 별로 없죠. 코치가 그 시스템을 만들어주고, 그 안에서 자발성을 발휘할 수 있도록 돕는다면, 오히려 대한민국이라는 토양에서는 코칭이란 게 잘 뿌리내릴 수 있지 않을까 싶어요.

마지막 질문을 드립니다. 이전에도 코치님에게 드렸던 질문이지만, 또 드리고 싶네요. 코치님이 코칭을 하며 가장 행복한 순간은 언제인가요?

저는, 제가 일종의 투자자라고 생각해요. 대신 돈이 아니라 사람에 투자하는 거죠. 전설적인 투자자 '피터 틸'라는 인물이 있습니다. 그가 페이스북에 6억 정도를 투자를 하고 10%의 주식을 소유했었다고 합니다, 현재 페이스북 10% 주식의 가치가 56조 정도라고 해요. 저는 사람에게 투자하는 투자자라고 생각합니다. 저는 사람의 가능성이 보이거든요.

'미래학'에선 '미래=예산+정책'이라고 하더군요. 그래서 예산과 정책을 어떻게 결정하고 쓰느냐에 따라 미래가 좋지 않을 수도 있고, 중간 정도 갈 수도 있고, 좋게 진행될 수도 있습니다. 코칭도 마찬가지인 것 같아요. 코칭을 도입함으로 저와 함께 자신의 정책과 예산을 어디에 집중해야 할지 결정해 나갑니다. 그리고 성취하고, 목표를 이루어 가는 겁니다. 저는 그걸 그냥 보고 있는 것만으로도, 엄청난 희열을 느끼죠. 다른 사람들이 못 보는, 그의 가능성을 보고, 그게 끝끝내 결과로 증명될 때 정말 그 희열은 대단합니다.

나중에 "그거 봐라"라고 할 수 있는 것. 어찌 보면 되게 아주 사적이고 굉장히 이기적 욕구죠. 그래서 저는 정말 순수하게 저의 기쁨을 위해서 산다고 생각해요. 이기적으로 산다고 생각하거든요. 그게 헌신이라는 이름이 될 수도 있고요. 물론 마지막에 저에게 유익이 안 올 수도 있습니다만 제가 도움을 줌으로 누군가 성장한다고 했을 때 기쁨을 얻습니다. 가령 아무도 거들떠보지 않는 아이들, 진짜 문제아 취급을 받는 아이들의 가능성을 보았을 때 전 큰 희열을 느껴요.

인생의 즐거움을
발견하고 싶은
그대에게

한마디로 저평가된 주식이네요?

예, 사람들은 "그저 그렇다"라고 말하는 아이가 가진 폭발적인 잠재력이 제게는 보이는 거죠. 그 자체로 보물인 거예요. 그럴 때 희열을 느껴요. 눈물 날 정도로 감동이 밀려옵니다. 아, 이런 보물이 쓰레기 취급 받고 살았구나. "영광이다! 정말 너를 만나서!" "고맙다, 이렇게 살아줘서. 우리 함께 가보자." 이런 만남에 희열이 있고, 또 성장하는 그를 지켜보는 희열이 있죠. 그가 당장 단기적으로 잘하고 못하고는 두 번째 문제인 것 같아요.

코치님이 온 몸으로 느끼는 희열이 제게도 순간 느껴졌습니다.(웃음)

아, 그랬군요.(웃음)

정진 코치에 대하여…
벤(영어강사 & 방송인)

한국에 사는 외국인으로서, 일상이 바빠서 저의 목표나 꿈에 대해 생각할 시간조차 없었습니다. 게다가, 저에게는 미래의 목표를 나눌 수 있는 멘토도 없었습니다. 진 코치가 이걸 바꿨습니다.

진 코치는 개인의 잠재력을 파악하고 이를 활용해 가시적인 성과를 낼 수 있도록 도와주는, 독특한 재능을 갖고 있습니다. 제가 진 코치를 만났을 때, 그는 항상 저에게 '미래의 열정을 구체적이고 측정 가능한 방식으로 깊이 생각하게 하는 도전적인 질문'을 하곤 했습니다.

그는 저의 성격과 기술들을 분석하고, 저의 목표를 달성하기 위해 이 능력을 어떻게 활용할 수 있는지 생각해보라고 격려했습니다. 저의 경우 영어를 직업으로 가르치지만 '사회에 기여할 수 있는 언어 학습보다는 더 넓은 생각을 제시하기를 원하는 외

향적인 사람'입니다. 진 코치는 이를 위해 유튜브를 플랫폼으로 활용하자고 제안했습니다. 당초에는 이럴 자신이 없었고 많이 망설였지만 진 코치가 격려해 주었고 첫발을 내딛는 데 필요한 추진력을 주었습니다. 그 결과 저는, 문화적인 이해를 늘리면 인종간의 갈등과 반감이 줄어들 것이라는 믿음과 함께 문화적인 차이를 재미있는 방식으로 비교하는 유튜브 채널을 시작했습니다.

저는 실천적인 행동을 강조하는 것이 진 코치의 가장 큰 장점 중 하나라고 믿습니다. 그것은 저에게 엄청나게 유익했습니다. 게다가 진 코치는 저를, 비슷한 가치에 관심을 가진 사람들과 연결시켰습니다. 이것은 두 가지 이점이 있었습니다. 첫째, 유튜브 동영상을 기획하고 촬영하는 것을 도운 다른 개인과 만나게 되며 저의 목표를 달성하기 위한 실질적인 조치를 취할 수 있게 되었습니다. 둘째로, 저는 이 '창조적 연합'을 통해 격려를 주고받으며 다른 유튜버들과 경험을 나눌 수 있었습니다. 이것은 제가 이 새로운 도전 과정에서 직면했던 장애물들을 극복하고 동기부여를 계속 할 수 있게 해주었습니다.

진 코치의 멘토링 덕분에 저는 이미 성공적인 결과를 보았습니다. 약 4개월 동안 유튜브에 접속했고 나의 채널은 현재 1,500명 이상의 구독자를 모았으며 20,000개 이상의 비디오 조회 수를 달성했습니다. 저의 시청자들은 제게 그들의 지지를 보여주며 고무적인 피드백을 주는 등 적극적으로 저의 비디오에 코멘트를 주고 있습니다. 게다가 2018년에는 국내 방송사인 MBC가 운영하는 비디오 크리에이터스 대회에서 200만원의 상금을 받으며 은메달도 획득했습니다.

더불어 다른 한국 방송사의 한 에이전트는 최근 저의 유튜브 채널을 통해 그들이 만들고 있는 새로운 TV 프로그램에 출연하라고 연락을 주었습니다.

이런 다양한 성공은 진 코치의 도움이 없었다면 불가능했을 것입니다. 진 코치와 저는 평소와 같은 상황에서 늘 만났지만, 커다란 그림에 대한 이야기를 나눴습니다. 그는 열정을 가지고 이야기했고 대부분의 사람들과는 다른 수준의 지혜와 통찰력을 보여주었습니다. 우리의 모든 대화가 끝난 후 저는 저의 목표가 구체적이고, 그것들을 성취할 수 있는 능력이 제게 있다는 생각에 자극을 받아 떠나곤 했습니다.

저는 진 코치가 성취하도록 도와준 모든 것에 항상 감사할 것입니다.

As a foreigner living in Korea, it was easy to get lost in the busyness of everyday life without pausing to take the time to think about my goals and aspirations. Additionally, I didn't have any mentor-like figure with whom I could openly discuss my future goals. Coach Jin changed this.

Coach Jin has a unique talent for identifying potential in individuals and helping them use this to produce tangible results. When I met Coach Jin he would always ask me challenging questions that prompted me to think deeply about my future ambitions in a way that was both concrete and measurable.

He encouraged me to analyze my character and my skillset, and consider how I could utilize these abilities to achieve my goals. In my case, I am an extroverted people-person who teaches English as a profession, but who wanted to present ideas broader than language learning which could contribute to society. Coach Jin suggested using YouTube as a platform to do this. Initially, I did not have the confidence to do this and hesitated a lot, but Coach Jin encouraged me and gave me the push I needed to take the first step. As a result, I started a YouTube channel comparing cultural differences in an entertaining way, with the belief that increasing cultural understanding will decrease conflict and animosity between races.

I believe Coach Jin's emphasis on practical action is one of his greatest strengths. It has been extraordinarily beneficial for an over-analyzer, such as myself. Additionally, Coach Jin connected me with other like-minded people who were interested in similar pursuits. This had two benefits. Firstly, I was put in contact with another individual who helped me to plan and film YouTube videos, enabling me to practically take steps to achieve my goal. Secondly, through this 'Creator Alliance' I was able to discuss experiences with other

YouTubers while both giving and receiving encouragement. This allowed me to stay motivated and overcome obstacles I faced during this new challenge.

Thanks to Coach Jin's mentoring I have already seen successful results. I have been pursuing YouTube for about 4 months and my channel has now reached over 1500 subscribers and achieved more than 20,000 total video views. My audience is very active in my videos' comment sections showing their support and giving me encouraging feedback. Additionally, in 2018 I entered and won a silver prize for a Video Creators competition run by Korean broadcasting company MBC, receiving a monetary award of 2 million KRW. Furthermore, an agent of another Korean broadcasting company recently contacted me through my YouTube channel asking me to appear on a new TV program they are creating.

These various successes would not have been possible without the help of Coach Jin. Coach Jin and I always met on ordinary days in ordinary situations, but talked about grand pursuits. He talked with passion and showed a depth of wisdom and insight which was on a different level to most. After every one of our conversations I went away feeling motivated with the sense that my goals were tangible and that I had the capacity to achieve them.

I will always be grateful for everything that Coach Jin has helped me to achieve.

Chapter. 8

좋은 질문을
던지고 싶은
그대에게

"여행의 진가는 수백 개의 다른 땅을 같은 눈으로 바라볼 때가 아니라,
수백 개의 다른 눈으로 같은 땅을 바라볼 때 드러난다."
_ 마르셀 프루스트

지난 인터뷰를 돌아보면, 인터뷰 초반엔 경청에 대한 이야기를 주로 다뤘습니다. 그 다음에는 '코칭의 정의'를 중심으로 하여 코칭에서 파생되는 여러 부분에 대해 이야기를 나눴고요. 돌아보니, 코칭에 대한 본질적인 질문을 많이 한 듯싶습니다. 오늘은 코치님이 코칭 했던 사례에 대해 좀 더 여쭤보고 싶네요.

코치님은 코치로 활동하시던 초반에는 주로 학생들을 코칭 하다가 지금은 CEO나 청년들을 주로 만나고 있잖아요.

CEO분들마다 상황이 조금씩 다른데요. 보통 회사는 성장하고 있어도 심적으로 지치거나 어려움을 겪을 때, 혹은 회사도 어렵고 심적으로 지쳤을 때 코칭을 받습니다. 일단 회사의 상황과 상관없이 스스로가 지쳤다는 것을 인식하고, 저를 찾는 거죠.

몇 년 전까지만 해도 코칭을 받아야 하는 것이 우리나라에선 생소한 편이었어요. 스포츠 선수는 당연히 코치를 두지만, 그 외의 영역은 '코치'라는 개념이 생소한 편이잖아요. CEO분들을 만나보면 하나같이 대단하신 분들이란 생각이 들어요. 우선, 저는 감정적인 부분을 먼저 다룹니다. 그분들이 치열하게 사업을 이끌어가고, 개인적인 시간도 없다보니 '나 자신을 만나는 시간'이 별로 없는 경우가 많거든요. 그래서 뭔가 생각할 여유도 없고, 코칭도 할 시간 자체도 없는 분들이 많아요.

너무 바쁘고, 또 많은 일처리를 하느라 시간도 너무 부족하다는 생각이 들던 중, 저와의 만남을 통해서라도 '자기 자신과의 만남'을 갖게 되는 거죠. "그 직원이 일을 못해서 짜증났어요" "그 실수 때문에 투자가 잘 안 되면 어떡하죠?" "이번 달 들어와야 할 돈이 안 들어왔어요" 등등 그야말로 자기 속 이야기를 하는 거죠. 그 분들에겐 일주일 중에 저랑 만나는 시간이 유일하게 자기 이야기를 하는 시간이었던 것 같아요. 그렇게 감정과 생각을 막 쏟고 나면, 또 금방 회복을 하곤 해요. 치열한 전쟁터에서 오랫동안 생존해 오신 분들이기 때문에 다시 일어설 수 있는 힘도 있는 분들이죠.

감정을 다루고 나서는 이제 육체적인 건강, 마음의 건강을 어떻게 회복할 것인가, 거기에 집중해요. CEO의 건강에 따라서 회사가 잘 될 수도 있고, 망할 수도 있으니까요. 나의 건강을 어떻게 회복할 것인가, 방법을 찾아가는 거죠. 건강의 심각성에 대해 설득이 되면 하루 이틀이라도 쉰다든지, 직원들에게 일을 맡기고 단기 휴가를 간다든지. 입원까지는 못 하더라도 최소한 병원에는 가서 약을 먹고 회복에 집중을 하도록 돕습니다. 체력증진을 위해 운동 계획을 세우기도 해요.

어떤 분들은 감정일기를 쓰기도 하고요. 자기 내면을 일단 적기로 하고, 일주일에 한 번은 운동을 시작합니다. 한 걸음씩 시작을 하는 겁니다. 조금씩 회복을 해나가다 어느 정도 회복하고 나서는 그때부터 '내가 왜 사는지, 회사가 무슨 의미인지, 도대체 나는 왜 이 일을 하고 있는 건지, 내가 정말로 가치를 두는 것은 무엇인지…' 이야기 나눕니다. 저희가 같이 이야기하는 지점이 뭐냐면, '이렇게 계속 살다보면 잘못하다가 죽을지도 모른다는 것'을 같이 확인하는 겁니다. 심적으로든 육적으로든 위험 신호가 와서 저를 찾은 거니까, '이러다 죽을지도 모른다는 것'에 대해 동의하는 거죠. 그렇다면 회사가 무슨 의미입니까, 내가 죽는데 회사가 무슨 의미입니까? 이런 거죠. 망하면 어떡하지? 실패하면 사람들이 나를 어떻게 볼까? 동료하고도 헤어지고, 언젠가 그만둘 테고… 그러면 결국엔 내 인생과도 헤어질 텐데, 그렇다면 내가 왜 살고, 진정 무엇이 중요할지, 그것에 집중합니다.

지금 당장 닥친 일이 많고 에너지 자체가 없기 때문에, 에너지를 최소한 70%정도까지는 회복시키고, 일하고 남은 에너지로 다시 회복할 수 있는 활동을 합니다. 그리고 육체와 마음의 건강을 어느 정도 회복한 뒤에는 '어디로 가야 하는지' 함께 방향을 잡는 겁니다. 어떤 경우는 하던 일을 멈추도록 돕습니다. 매몰 비용이라는 개념이 있잖아요. 손해가 나고 있는데, 빨리 매몰시켜버리면 마이너스 200만원으로 끝날 수 있는데, 그럼에도 불구하고 거기에 계속 붓는 거죠. 마이너스 500, 1000, 늪으로 빠진다고 해야 하나? 놓을 수가 없는 거예요. 지금까지 해온 게 있으니까. 다른 사람의 시선도 두렵고요. 손해를 보더라도 그만두질 못하는 거죠.

좋은 질문을
던지고 싶은
그대에게

빨리 그만둬야 한다면 그만두고, 회사에 대한 전략을 함께 정리하는 겁니다. CEO분들의 현장이 좀 더 치열하고 전투적이며 다양한 실행을 해야 한다는 것을 빼면, 이건 청소년들이 학교를 그만둘 건지, 계속 다니면서 다른 걸 할 건지, 그것을 정하는 것과 근본적으론 비슷할 수 있어요. 실제로 열심히 공부할 건지, 아니면 포기할지 등이요.

정리하자면, 처음에는 감정적인 부분들과 육체적인 부분을 다루고요. 그 다음엔 더 중심적인 동기, 내가 소중히 여기는 가치, 내 인생의 이유를 다룹니다. 더 깊이 가서 내가 하고 있는 일과 내가 소중히 여기는 가치를 연결시켜요. 계속해서 노력해 가려면 더 집중하는 전략으로 달려가고, 아니면 반대로 지금 멈추는 전략을 짜기도 합니다. 다시 새롭게 시작할 수 있도록 돕는 겁니다.

아무래도 CEO들은 자신의 업무에 완전히 파묻혀서 올인 해야 하는 경우가 많잖아요. 다른 것들이 눈에 안 들어올 수도 있고요.
우리나라가 아닌 외국 같은 경우 CEO들이 코치를 많이 찾는 편인가요?

외국에서 살고 계시는 분의 이야기를 들었는데, 우리나라보다 훨씬 더 코칭이라는 것이 문화화 되어 있고, 정착해가는 편이라고 하더군요. 누군가 PT를 받으면 "나 여기서 PT 받아!" 그렇게 말하는 것처럼, "내 삶을 관리해가는 사람이 코치 누구누구야!" 이렇게 말할 수 있는 분위기가 자리 잡고 있다고 해요. 최근 구글 CEO가 '인생의 단 한 가지 조언이 있다면'이란 이야기를 통해 "당신의 코치를 고용해라!"라고 말하기도 했다고 해요. 저 자신도 코칭을 받으면 너무 좋거든요. 제 인생의 발전을 코치가 도와주고, 저의 성장을 위한 코칭 시스템이 제 삶에 세팅되어 있는 셈이니까요.

CEO분들은 전쟁 같은 환경을 계속 이겨오신 분들이기 때문에 진짜 선수입니다. 코칭을 금방 적용하고, 금방 회복하고, 금방 또 방향을 찾아가는 편이에요. 가끔 뉴스를 보면 젊은 CEO가 사건 사고를 일으키는 내용이 나오잖아요. 그건 정말 옳지 않죠. 그래선 안 돼요. 범죄고, 폭력이잖아요. 다만, 그가 젊은 나이 때부터 얼마나 힘든 일을 많이 겪었을까… 그런 생각을 해보게 돼요. 너무 고통스러운데 사건 사고가 날 때까지 혼자 내버려 둔 거죠. 수많은 문제들이 쌓여서 스트레스를 받고, 아무한테도 도움 받을 수 없을 때, 벼랑 끝에 내몰렸을지도 모르거든요. 사회가 그를 거기로 내몰고, 결국 심적으로 무너지고 폭발해버리는…

그게 뉴스가 되어서 회사 전체와 그 CEO를 매장시킨다든지, 벼랑 끝까지 몰아놓고 떨어지면 비난만 하는 건, 옳지 못한 것 같아요. 처음부터 스트레스 관리를 하고, 정신적인 관리를 할 수 있도록 돕는 환경이 만들어져야 하지 않나 싶어요. 그렇게 극한의 환경에 내몰리면 누구나 그렇게 될 수 있거든요. 저도 극한의 환경에 놓이면 어떤 모습이 나올지 모릅니다. 사람은 누구나 심한 우울증이 오면 무슨 짓을 할지 모르거든요.

건강이라는 것은 건강할 때 관리해야 하는 건데, 자꾸 극단으로 아파하고 쓰러질 때까지 몰아가는 문화가 우리에게 있다고 봐요. 그냥 죽을 때까지 버텨야 하는 거죠. 이런 문화를 보면 정말 안타깝습니다.

코치님 이야기를 듣다보면 코치님이 CEO를 대상으로 코칭 하는 것을 무척 가치 있게 여기신다는 생각이 듭니다. 사실 코칭 할 수 있는 그룹은 다양하잖아요. CEO에 대한 애착이 느껴지거든요. 특별한 이유가 있나요?

제가 코칭을 시작하며 초반에 만났던 대상들은 어떠한 성과를 내야 하는 대상이라기 보단, 마음이 아픈 청소년들이었어요. 마음의 심각한 어려움을 겪고 있는, 실제로 정신과를 다니고 있는 친구들도 많았고요. 정신과에서 처방한 약을 먹으면서 코칭을 병행한 케이스도 많았습니다.

사실 코칭은 스포츠 코치에 더 가깝거든요. 성과를 내야 하는 선수가 더 성장하고 좋은 결과를 내도록 돕는 거죠. 저에게 감정적인 어려움을 겪는 분들을 돕는 것도 의미가 있지만, 그런 것들은 다른 분들이 이미 잘 하고 계시다고 봐요. 일단 CEO는 '회사의 성장'이라는 분명한 목표가 있거든요. 거기로 달려가며 끊임없이 한계를 넘는 분들이죠. 웨이트 트레이닝도 코치가 중요하거든요. 무조건 한계지점까지 가야 해요. 실패의 지점까지, 못 드는 순간까지 가야 하거든요. 그래야 근육이 성장하죠. 그런데 그 실패 지점에서 코치가 도와주지 않을 경우 자칫하면 크게 다쳐요. 그 순간 코치가 옆에서 함께해주는 것이 중요해요. 운동처럼 삶에서 극한으로 가시는 분들의 코치가 될 수 있으니 저로서도 진짜 코치의 역할을 하고 있다는 생각이 드는 거죠.

실제로 코칭은 에너지가 많이 듭니다. 코칭을 진행하시는 분들이 각자 자신의 전쟁터 가운데 계신 분들이어서 제가 중심을 정확히 잡지 않으면 안 돼요. 단순히 마음이 힘든 게 아니라 돈 문제가 터질 수도 있고, 사람 문제 등등 수많은 문제가 일어납니다. 그냥 '마음이 많이 어려워요' 이런 거와 달라요. 마음을 아파할 여유가 없을 정도로 사건 사고가 많을 수 있거든요. 당연히 저도 코칭하면서 긴장을 하게 됩니다. 그렇지만, 코칭을 받는 분들이 그런 상태를 하나하나 이겨낼 때마다 뭔가 희열이 생기는 것 같아요.

코칭을 받는 분과 스포츠 팀이 된 느낌이거든요. 물론 중간 중간에 실패하고 넘어집니다. 실제 삶이란 경기에서 지고 있을 때 제가 그 분들의 코치가 되어서 인생이란 경기 중 타임 시간을 외칩니다. 그 타임 시간은 실제로 코칭을 진행하는 것을 말합니다. 그리고 패배할지도 몰랐던 경기를 코칭을 통해 결국 승리로 이끌 때면 정말 눈물이 나요. 그런 희열 같은 게 있어서 여기까지 왔습니다.

"코칭을 받는 분과 스포츠 팀이 된 느낌이거든요.
물론 중간 중간에 실패하고 넘어집니다.
실제 삶이란 경기에서 지고 있을 때
제가 그 분들의 코치가 되어서
인생이란 경기 중 타임 시간을 외칩니다.
그 타임 시간은 실제로 코칭을 진행하는 것을 말합니다.
그리고 패배할지도 몰랐던 경기를 코칭을 통해
결국 승리로 이끌 때면 정말 눈물이 나요.
그런 희열 같은 게 있어서 여기까지 왔습니다."

순간 종합격투기 UFC 경기가 떠올랐어요. 보통 승리하면 선수들과 코치들이 같이 얼싸안고 좋아하거든요. 극한 상황까지 가서 훈련하고 결국 승리했을 때의 희열. 코치들도 선수들과 같이 뛴 거나 다름없는 거죠. 그걸 잘 이겨냈을 때 밀려오는 코치만의 희열이 있을 것 같습니다.

정말 그래요.

그런데 기업 CEO는 자기들만의 전문적인 영역이 있잖아요. 특정 기업이 속한 업계의 스타일이 천차만별일 테고요. CEO는 자신의 그 업에 대한 고도의 전문성을 갖추고 있을 거라 봅니다. 그런 면에서 코치가 코칭을 통해 다룰 수 있는 부분에 분명한 한계가 있어 보입니다. 모든 코치가 모든 업계의 지식을 갖출 순 없으니 거기서 오는 한계 같은 게 있지 않을까요?

사실 다 이해할 순 없겠죠. 기업 전문 용어를 쓸 경우, 좀 못 알아들어서 공감을 덜 할 수도 있고요. 코칭을 받는 CEO 입장에선 다 이해받지 못한다 느낄 수도 있을 것 같습니다.

그런데 오히려, 코치가 상대의 영역을 잘 모를수록 코칭을 더 잘할 수 있다,라는 말이 있거든요. 물론 상대방의 최소한의 영역은 되도록 알아야겠죠. 하지만 내가 상대의 분야를 너무 잘 알게 되면 자꾸 가르치게 돼요. 사실 상대가 그 분야의 전문가잖아요. 코치가 훈계를 하거나 정보를 주게 되면, 코칭은 아웃입니다.

CEO들이 처한 상황이나 겪는 문제에 대해 감히 제가 답을 줄수가 없습니다. 이미 그 CEO가 저보다 월등히 그 분야의 전문가에요. 제가 감히 코칭을 하며 이런저런 답을 주는 게 아니라 CEO 스스로가 정리하고 회복하며 실행할 수 있도록 돕는 게 코칭입니다. 코칭을 마치며 마무리할 때, 제가 보는 관점에서 제 의견을 드리긴 해요. 참고 정도 하시라는 거죠. 그런 것도 CEO분 입장에선 상당히 도움이 되는 것 같아요. 사실 옆에서 보면 좀 더 많이 보이잖아요. 그렇다고 자꾸 CEO의 영역을 침해하거나 훈계를 하려든지 그러면 CEO 입장에선 굉장히 싫을 수 있죠. 업계에 따라서, 기업의 규모에 따라서 너무 다르기 때문에 제가 감히 조언을 할 수 없어요. 저는 잠잠히 함께 있는 거죠.

저는 CEO들을 코칭하며 거의 말을 잘 안 하는 편입니다. 한두 질문이면 충분하다고 봅니다. 오히려 코치가 말을 많이 하게 되면 전체적인 흐름을 끊어버린다고나 할까요. 그런데 그 분들이 CEO여서 그러는 건 아니에요. 저는 누구를 대하든 그렇게 생각하는 것 같아요. 청소년들을 코칭 할 때도 마찬가지입니다. 다만 우리나라 청소년들은 공부하느라 실제 경험이 적다 보니 코칭 방향을 잡아주는 게 필요하기 때문에 좀 더 질문을 던지는 편이죠. CEO분들은 이미 방향과 목표도 있고, 오히려 너무 많은 정보들과 생각으로 혼란스러워하는 경우가 있기 때문에 그 부분들을 정리할 수 있도록 돕는 게 제 역할인 셈입니다.

방금 말씀하신 부분을 비유하자면, 축구 선수 호날두의 개인 트레이너가 호날두에게 "거기서 패스해야지!"라고 말하면 바로 해고당하겠죠.(웃음) 결국 적절한 긴장감이 중요할 듯싶습니다. 자신을 코칭해주는 코치가 자신의 분야에 대해서 무지하진 않지만, CEO 자신의 역할을 충분히 존중해주는 느낌을 받아야겠죠. 그러한 긴장감을 어떻게 잡아가는 편인가요?

저에게 있어 제일 긴장이 되는 건, 제가 제 관리를 잘 하고 있느냐, 에요. 제가 마음 관리를 잘 하고 있는가, 몸 관리를 잘 하고 있는가, 그런 부분이 아주 중요합니다. 연습을 하루 안 하면 내가 알고, 이틀을 안 하면 상대가 알고 사흘을 안 하면 전부가 안다고 하잖아요. 이게 두렵고 떨리는 일이에요. 제가 어떻게 제 삶을 관리하고 성장 발전을 하고 있는지 코칭을 통해서 드러날 수밖에 없어요. 코치가 어떤 의식 수준을 가지고 어떤 질문을 던지느냐, 코치가 현재 충만하게 있느냐, 그게 전부거든요.

코치가 말을 안 해도 코치의 존재 자체가 전부에요. 자꾸 제가 짜증나고 뭔가에 쫓겨 있으면 질문도 쫓기듯 던지게 돼요. 뭔가 코치로서 더 해야 한다는 생각이 들죠. 충만한 질문이 안 나갑니다. 여유가 있어야 전쟁터 가운데 총탄이 날아와도 꿋꿋이 버틸 수 있죠. 같이 전쟁터에 뛰어 들어가도 저는 평정심을 유지해야 합니다. 그런 상태가 아니면 같이 문제 속에 휩쓸려 버리는 거죠. 가장 두렵고 떨리는 건 내가 내 삶에서 중심을 잡고 정돈된 상태로 있느냐, 내가 성장하고 있느냐, 거기에 있습니다.

제가 마음을 그렇게 유지하고 있으면 상대방의 마음속에 들어가서 도울 수가 있거든요. 코칭이 끝나면 저 스스로를 평가합니다. 오늘 내 마음이 초초했나, 들을 때 눈빛이 흔들렸나? 너무 과격하게 공감했나? 감정 이입을 과하게 했나? 그렇게 스스로의 상태를 관리하는 게 더 긴장되는 부분입니다.

장미란 선수가 코칭을 받겠다고 제게 왔다고 가정 해보죠. 그런데 제가 장미란 선수에게 "역기를 이렇게 들어보세요" 그런 식으로 하고 싶을 수 있죠. 안타까운 마음 때문에 자꾸 얘기해주고 싶거든요. 그럼 코칭은 거기서 끝나는 겁니다. 코치가 중심을 잡고 이 분이 어떠한 삶을 살고 있는지 알고, 코치의 위치에서 제 주제파악을 하고 코칭을 해나가야 해요.

그런데 코칭을 받는 분들이 처음에는 자꾸 "방법 좀 얘기해주세요" "저 어떻게 해야 해요?" "저 지금 좋아지는 것 같지가 않아요." 라고 말하기도 합니다. 그러면 코치의 마음으로는 빨리 그 문제를 해결해 주고 싶어져요. 상대의 기대에 부응하는 코치가 되고 싶거든요. 그런데 상대가 초조해할 수록 오히려 해결책을 얘기해주지 말아야 해요. 그분이 단기적인 방법을 모르는 게 아니거든요. 코치는 그 순간을 힘들지만 버텨야 해요. 중심을 잡고 가만히, 침묵하는 겁니다. 해결책을 요구하더라도, 설령 서운해하더라도, 끝까지 버텨줘야 해요. 코치이의 말에, 감정에 코치가 끌려 다니면 끝입니다. 코치가 중심을 잡고 상대에게 굳은 확신을 갖는 게 중요해요.

"연습을 하루 안 하면 내가 알고,

이틀을 안 하면 상대가 알고

사흘을 안 하면 전부가 안다고 하잖아요.

이게 두렵고 떨리는 일이에요.

제가 어떻게 제 삶을 관리하고 성장 발전을 하고 있는지

코칭을 통해서 드러날 수밖에 없어요.

코치가 어떤 의식 수준을 가지고 어떤 질문을 던지느냐,

코치가 현재 충만하게 있느냐,

그게 전부거든요."

좋은 질문을
던지고 싶은
그대에게

제 생각에 코치라는 존재는 종교를 떠나 영성가에 가깝다는 생각이 듭니다. 코치 스스로가 영성을 추구하고 그것이 쌓이지 않으면 좋은 코치가 되기 힘들어 보여요. 그것이 본인의 종교를 통해서든 아니든, 계속해서 그러한 시간을 갖지 않으면, 코칭을 받는 사람이 코치의 존재감을 가볍게 느껴버릴 테니까요. 본인은 방방 뛰어도 코치가 같이 방방 뛰기를 원하지는 않겠죠.

어떻게 보면 굉장히 무서운 거죠.

코치님은 코칭을 아주 사랑하시지만, 코칭의 이러한 면 때문에 버겁다는 생각이 들 때도 있지 않나요?

어떤 연구 결과를 보면, 그냥 늘어져 있는 것보다 적극적으로 노는 게 행복도가 더 높다고 하더라고요. 오히려 내 일을 하는 게 더 행복도가 높은 거죠. 어떻게 보면 코칭은 제게 있어 일과 노는 것의 중간인 것 같아요.

코칭에 있어 제게 제일 힘든 건, 힘을 줄 때와 뺄 때를 구분하는 거예요. 예를 들어 수영할 때 어쩔 때는 힘을 쥐야 하고 어쩔 때는 힘을 빼야 하는데 반대로 할 때가 있잖아요. 노래를 할 때도 힘을 빼야 힘을 줄 수 있다고 하더라고요. 새를 봐도 그래요. 하늘에서 날갯짓을 하면서도 힘을 빼야 바람을 타거든요. 코칭 할 때도 제가 힘을 주고 있으면 오히려 코칭이 안돼요. 코칭을 받는 사람에게 제가 바람을 타고 여유 있게 다가가는 거죠. 그건 저 자신을 내려놓는 것일 테고요. 그게 요즘엔 제일 힘든 것 같아요. 힘을 준다는 건 열심히 하는 거잖아요. 그건 할 수 있는데 오히려 힘을 빼는 게 어려워요. 당장 나는 땅으로 떨어지는데 그 순간 오히려 힘을 빼야 바람을 타고 날아오르는 거죠.

보통 눈앞에 큰 어려운 순간이 닥치면 온 힘을 다해 살아남으려고 하거든요. 물에 빠졌을 때 힘을 빼는 것이 중요해요. 코칭도 결국 힘을 빼고 있어야 합니다. 그게 요즘 배우고 있는, 어려우면서도 희열을 느끼는 부분 아닐까 싶어요. 역설적이지만 이건 힘을 과하게 써본 사람만 알 수 있는 것 같아요. 과하게 계속 힘을 주다가 '아, 이러다 내가 죽겠다' 싶은 순간이 오는 거죠. 죽을 것 같을 정도로 숨이 넘어가다가 살기 위해 힘을 뺀다고나 할까요? 이건 인생의 어떤 배움 같아요.

힘을 쫘악 빼고 코칭을 받는 사람과 날아올라서 함께 춤을 추는 단계로 나아가는 거예요. 힘을 너무 주면 함께 춤을 출 수가 없거든요. 자연스럽게 춤을 추면서 상대방의 움직임을 느끼면서 자연스럽게 움직이는 겁니다.

저는 코치님 이야기를 들으며 축구 선수 메시가 떠올랐어요. 메시는 경기 중에 비교적 안 뛰는 편이거든요. 공이 없을 때 어슬렁어슬렁 하다가 공격이 진행되면 거기에 맞춰서 움직이기 시작해요. 메시를 한 명의 구도자에 비유하자면, 힘을 뺄 때와 줄 때를 아는 사람인 거네요.

아… 그렇네요. 좋은 비유입니다.

그리고 아까 말씀하신, 코치님에게 있어 코칭은 일과 노는 것의 중간이라고 했던 대목, 그것에 대해서 좀 더 이야기해주셨으면 합니다.

중간일 수도 있고, 일 자체이면서도 놀이 자체인 셈이에요. 저는 사실 이게 제일 재밌거든요. 코칭 말고는 별로 재밌는 게 없어요.(웃음) 물론 게임도 좋아하고 아이폰 하는 것도 좋아하지만, 의미 있으면서 재밌는 건 오직 코칭 같아요. 일과 재미를 다 가지고 있는 거죠. 그래서 어쩔 땐 일에 좀 더 가깝기도 하고, 또 어쩔 땐 재미에 가깝기도 하고, 그래서 중간이라는 말을 쓴 거예요.

가령, 6·25전쟁 후에 문화재 수집자가 어느 시골을 지나가다가 시골집에서 개밥 그릇을 보게 되었다고 해보죠. 그렇게 개 밥그릇을 한참을 보니 뭔가 남달라 보여서 얼마 안 되는 돈에 사왔다고 해요. 그리고는 열심히 닦고 보니 그게 고려 청자였던 거예요. 믿거나 말거나지만, 있을 법한 이야기죠. 코칭은 이와 같이 사람을 향한 투자 같아요. '얜 바보야, 얜 못해. 이 아이는 이상해' 등등 다른 이들이 저평가하는 사람들이 가진 가능성과 잠재력이 보이는 겁니다. 이건 본인도 몰라요. 저도 그게 고려청자인지, 다이아몬드인지는 몰라도, 보물인 건 알거든요. 더 정확히 말해 보물이라는 믿음이 있어요. 이건 믿음의 차원이고 세계관의 차원이에요.

사실 모두가 보물이거든요. 저는 사람들이 찾지 못한, 깊이 묻혀있는 보물들에 더 관심이 가요. 아무리 저평가 됐어도 다 찾아주고 싶거든요. 종종 그 보물을 안 찾겠다고 거절하는 사람이 있어요. 그럼 어쩔 수 없으면서도, 슬슬 그걸 찾도록 유혹합니다.(웃음) 처음에는 제가 오히려 안달 나서 억지로라도 찾아 주기도 했는데, 그렇게 해서는 안 되더라고요. 스스로 찾고 싶을 때가 오면 찾도록 해야 합니다. 같이 그렇게 자신 안의 보물을 닦고 연구하고 찾다가 '내가 이런 보물이었구나' 스스로 확인하는 순간이 있어요. 그야말로 뚜껑이 열리는 순간, 미치는 순간이죠. "나는 고려청자였어!" 그런 순간을 보는 게 너무 재밌어요. 이건 제가 돈을 많이 내고라도 계속 하고 싶은 일이에요. 그리고 그 사람은 그 순간부터 진정 보물로서 살기 시작하죠.

바꾸려고 하는 게 아니라 본인의 존재대로 살아가게 되는 겁니다. 시간이 오래 걸릴 수도 있어요. 그때부턴 세상으로부터 칭찬도 받고, 사람들이 대하는 방식이 달라져요. 그런데 저는 아무도 잘 모를 때 그를 처음부터 보물로 대하는 거죠. 거기서 희열을 느껴요. 상대방은, "왜 이렇게 한결같이 저를 대하세요?"라고 묻기도 해요. 전 오히려 그를 향해 "난 너를 만난 게 영광이다. 너 같은 보물을 만난 게 영광이야."라고 말해줍니다. 안타깝지만 자신만의 보물찾기를 포기하는 사람도 정말 많아요. 자신의 진짜 보물을 발견해서 세상이 볼 수 있도록 잘 닦아서 펼치는 사람은 진짜 소수에요. 그렇게 되기까지 노력도 필요하고, 단련도 필요하고, 또 인내도 필요합니다.

이런 보물을 보는 것은 믿음의 차원이기도 해요. 뭐, 돌아보자면 이런 보물을 찾는 과정 자체가 저를 발견해가는 과정이 아니었나 싶어요. 저도 아무것도 아닌 그런 사람이었고, 너무 감정적이고, 맨날 뭔가 불만족스럽고, 비판적이고, 화도 많이 나있고, 혼자 잘해주고 상처받는 그런 사람이었으니까요. 이런저런 감각은 또 왜 그렇게 발달해있는지… 그래서 대학생 시절엔 정신분열에 대한 책까지 읽으며 '난 왜 이렇게 이상하지? 괴물인가?' 이런 생각도 했어요. 그러다가 제게 보물들이 있다는 걸 발견하게 된 거죠. 그때부터는 나같이, 자기가 누군지 모르고 스스로를 쓸모없다고 여기던 사람들이 자기 자신의 보물을 찾고 드러낼 수 있도록 돕는 데 가치를 두기 시작했어요. 이걸 두고 '제가 살아가는 이유'라고 하기엔 너무 거창한 것 같고요. 이게 그냥 즐겁고 재밌어요.

작가를 위해 쓰여진 책들을 보면 대부분 하는 소리가 "작가는 작가로 태어난다"라는 말이에요. 특히 시인은 시인으로 태어난다는 말이 있거든요. 이 말이 작가가 아닌 다른 직업을 무시하는 의미는 아닙니다. 가령, 의사의 경우 병원에서 병을 고치고 나서 집에 오면 자기 취미 생활도 즐기면서 평범한 사람으로 살아갈 거라고 보거든요. 작가는 그렇지 않아요. 글을 쓰고 있지 않는 순간에도 촉을 세운 채 작가로 살아가거든요. 정확히 말하면 글을 쓰고 싶어서 쓰는 게 아니라 기어코 글을 써야만 살 수 있는 존재이기 때문에 글을 쓰는 것이죠. 그 자체로 소명인 셈입니다.

비슷한 의미로 코치님에게 '코치'라는 건 단순히 직업이 아니라는 생각이 들어요. 코치로 태어난 사람 같거든요. 코치로서 필요한 것 자체가 몸에 장착되어 있고, 직업으로서가 아니라 삶의 모든 순간에 코치로 살아가는 거죠. 저랑 만나는 순간 뿐 아니라 모든 순간에 코치로 존재하는… 가령, 제 아버지는 건축을 하셨지만 아버지에게 건축이란 게 소명으로 느껴지진 않거든요.

 그런 말씀은 감사하네요. 하지만 전 약간 다른 의견을 말하고 싶어요. 저는 제가 좋아하고 잘할 수 있는 걸 좀 더 직업하고 일치를 시켰을 뿐이라고 봐요. 저는 누구나 그렇게 태어난다고 보거든요. 물론, 자신이 정말 좋아하고 잘하는 것이 자신의 직업과 조금 떨어질 수는 있는 것 같습니다. 그렇다고 그게 나쁜 것 같지는 않고, 그러한 분들도 충분히 많아야 한다고 보거든요. 그런데 오히려 사명은 직업을 가지고, 다른 시간에 다른 이들을 돌보는 것일 수도 있죠. 오히려 저는 그게 더 존경스럽습니다. 평범한 듯 일상 생활을 할 수 있는 것 자체가 큰 능력이라고 봐요. 그러고 나서 또 자기의 가치 있고 의미 있는 일에 기여할 수 있는 것이 중요한 거겠죠.
 한편으론, 일상생활에서는 페르소나(역할가면)를 적절하게 벗고 쓰는 게 아주 중요하다고 생각해요. 집에 가선 진짜 재밌는 아빠가 되는 거죠. 저는 이걸 두고 칼집에 칼을 넣는다고 표현을 하는데요. 달리 말해 내 강점을 다루고 훈련하는 법을 평생 훈련한듯해요. 그래서 집에서는 그냥 유치하고 재밌는 아빠로 살고, 아내한테 가서는 그저 남편으로 살아가는 겁니다. 사실 아내는 제 영역의 복잡한 감정적인 언어를 거의 이해하지 못해요. 이런 복잡한 영역을 같이 이해하면 같이 못 살겠죠.(웃음) 오히려 이해를 못 해서 같이 사는 겁니다. 저는 아내가 모르길 원해요. 다만 실컷 이야기할 뿐이죠.

코치님 이야기가 무슨 말씀인지 충분히 이해하겠습니다. 그런데 코치님이 지금 이야기한 부분이 저의 생각과 다르다고 보진 않아요. 제가 이야기하고자 하는 건, 코치님의 다양한 페르소나 밑으로 흐르는 물줄기가 '코치'라는 물줄기라는 거죠. 코치님이 어디서 어떠한 역할을 감당하든, 코치에게 필요한 본질적인 마음들을 품고 살아가고 있다는 겁니다.

농담으로, 직업병이라고 이야기를 하기도 하죠(웃음).

마지막 질문을 드리고 싶습니다. 코치님께서는 '기독교 교육'이라는 바탕에서 코칭을 하고 계시잖아요. 다른 코치님들은 어떠한 학문적 바탕에서 코칭을 하는지 궁금하네요.

사실 삶을 큰 태풍으로 비유하자면, 우리는 모래 정도인겁니다, 거대한 폭풍 한 가운데 있다고 봐요. 학문적 바탕이 무엇이냐를 떠나 코치라는 존재는 다른 사람이 성장과 성숙을 하도록 노력하는 존재인 것 같아요. 그런데 코치의 사고 폭이 좁다면 거북이를 만났을 때 땅에서 더 빨리 뛰도록 만들겠죠. 하지만 사고의 폭을 넓혀야 같이 바다로 갈 수 있게 되고, 바다에 가서 한 발을 넣고, 더 깊은 바다를 향해 갈 수 있게 되는 거잖아요. 코치는 자신의 사고를 확장해서, 생각의 틀을 넓혀야 해요. 그래야 이 거북이가 저 바다로 갈 수 있거든요.

어디를 가야 하고 어디에 가슴이 뛰는지를 봐야 하는데, 결국 가봐야 알 수 있어요. 가슴만 뛴다고 해서 알 수 있는 게 아니라 한 번 가봐야 알 수 있어요. 결국엔 코치가 얼마나 생각을 확장하느냐, 이 큰 세계 안에서 우리의 삶을 바라볼 수 있느냐, 거기에 달려 있는 것 같습니다. 코치가 여기저기 가봐야 해요. 코치 스스로가 한군데서만 살고 있으면 결국엔 세계를 바라보는 눈이 좁아지겠죠. 얼마나 자신의 의식을 확장시키려고 노력하느냐가 중요합니다. 인문학, 철학, 영성, 그런 말로 포장할 수도 있는데, 근본적으로 저의 삶을 확장하지 않으면, 타인을 가두게 되지 않을까 싶어요.

Chapter. 9

꿈을
찾아가고 싶은
그대에게

"무슨 생각을 해… 그냥 하는 거지"

_ 김연아

오늘은 코칭이라는 것의 확장 가능성에 대해서 이야기해보고 싶습니다. 코칭을 떠올리면 보통 오프라인 공간을 통한 소통을 떠올리잖아요.

   제가 코칭 했던 것들을 좀 더 온라인으로 담고 싶고 자동화하고 싶어요. 요즘 마음이 그래요. 좀 더 자동화된 코칭 시스템 안에서 그룹별로 서로를 지지해주고, 그 안에서 코칭이 이뤄지는 거죠. 실제로 '눔'이라고 하는, 다이어트를 하는 건강 애플리케이션이 있거든요. 그건 미국질병통제예방센터(CDC)로부터 세계 최초로 모바일 당뇨병 예방 프로그램으로 인정받은 앱이에요. 그 앱에는 AI 체중조절 프로그램이 있고, 인간 코치가 있고, 또 지지해주는 그룹이 있어요. AI 프로그램, 인간코치, 지지그룹이 있으면 살이 빠진다고 해요. 저는 코칭도 동일하다고 봅니다.

   요즘 제가 유튜브를 하든 책을 만들던, CEO 코칭을 하건 중심에는 '코칭 시스템'이 있어요. 이 시스템을 좀 더 많은 사람들이 좀 더 저렴하게 누릴 수 있는 온라인 시스템을 만드는 목표가 있는 거죠. 아직은 꿈의 단계입니다. 그 동안 코칭을 면대면으로 직접 만나서만 했다면, 온라인코칭으로 담아내는 작업을 하고 싶은 거죠.

그렇게 코칭을 시스템화 시키고 싶어 하는 이유가 있나요?

   결국에는 비용 문제와 연결되는 부분이에요. 사실 코칭이 아무리 좋아도 비싸면 못 받는 거잖아요. 상대적으로 빈곤한 제3세계에 있는 청소년들, 코칭을 받을 수 없는 우리나라 청소년들이 자신의 꿈을 발견하고 나를 찾아 실행해가도록 돕고 싶습니다. 제 가장 큰 꿈이에요.

제가 십여차례 국내외 봉사활동을 갔어요. 그 중 몽골에 갔을 때 5-6살 어린 아이들이 자신의 부모를 돌보며 사는 모습을 보았죠. 그 아이들은 꿈을 꾼다는 것 자체가 힘든 상황이었고, 또 몽골의 겨울은 너무 추워서 정말 지옥이 이런 곳인가 싶었어요. 보통 많은 분들이 국내외 봉사활동을 갔다오면서 현지의 안타까운 상황을 보고 나면, 정말 마음 아파합니다. 그런 마음을 안고 돌아오지만, 대부분 몇 개월이면 다 잊게 되잖아요. 저도 그랬고요. 그런 아픔과 잊음이 반복되면서 결심하게 되었어요, '이 고통과 안타까움을 내 피에 녹여야 하고 내 심장에 새겨야 한다' '이 가치가 나를 움직이게 하지 않으면 또 다시 현실에 와서는 그냥 그렇게 의미 없고 가치 없는 많은 바쁜 일들에 정신을 뺏길 수밖에 없다', 이런 마음이 가득했죠. 정말 소외되고 아픈 아이들이 저렴하게 혹은 무료로 코칭을 받고 자신을 성장시킬 수 있는 데 도움을 주자고 결심했죠.

1:1로 코칭 하는 건 에너지도 시간도 한계가 있다고 생각해요. 굳이 이렇게 혼자서 사람들을 만나는 게 전부라고 생각할 필요가 없다는, 일종의 의식 확장도 있었고요. 실제로 세계는 연결되

어 있고 어디서나 누구를 만날 수 있는 시대잖아요. 그렇다면 내가 전 세계를 향해 소외된, 아픈 사람들을 도울 수 있지 않을까, 그런 생각을 좀 했던 것 같아요.

방금 이야기를 나누는데 엄청난 열정 같은 게 느껴졌습니다. 다시 한 번 이야기를 정리해보면, 그 중심에는 '코칭이란 게 얼마나 좋은 건가. 이 좋은 것을 더 많은 사람이 맛봐야 한다'라는 마음이 있는 것 같아요. 제 생각이 맞나요? 그건 제대로 된 코칭을 좀 더 많은 사람들이 맛볼 수 있다면, 사람들의 삶도 좀 더 나아질 거라는 믿음이겠죠.

예, 맞습니다. 저 자신도 코칭을 맛 볼 때 좋으니까요.

코치님이 그리고 있는 전체적으로 큰 그림에 대해서 알 수 있게 됐습니다. 그렇다면 이번엔 코치님이 코칭의 도구로 활용하곤 하는 유튜브에 대한 이야기를 듣고 싶습니다.

요즘은 유튜브가 거대한 흐름이 됐죠. 모두가 자기만의 콘텐츠를 세상에 내놓는 시대예요. 자본주의 사회에서는 그것을 실질적인 가치로 전환을 하는 게 중요하다고 생각합니다. 예전에는 그냥 내가 손으로 만드는 게 전부였죠. 빵이나 마카롱을 만들어 팔듯이 지금은 온라인으로 콘텐츠를 제작해서 다른 사람들에게 가치를 주는(즐거움이든 교육이든 감동이든) 자기만의 콘텐츠를 만들어서 확산할 수 있는 시대가 왔어요.

요즘 아이들이 기발하고 뛰어난데, 다들 시도하기를 어려워해요. 시작하기를 어려워하고, 시작하기를 어려워하니 뭘 할지를 모르는 거죠. 처음에는 제가 코칭 하는 분들을 통해 한 번 유튜브로 결과를 내보자고 생각했죠. 유튜브도 일종의 공식이 있거든요. 보통 처음에는 조회 수가 잘 안 나옵니다. 열심히 하는데 조회 수가 안 나오니 만족도도 떨어지고 자꾸 중간에 그만하게 돼요. 그래서 코칭을 하며 매주 목표를 정하고, 정말 유튜브를 통해 무엇을 만들고 싶고 무엇을 가치 있게 여기는지 찾아가는 겁니다. 어떻게 하면 좋은지 정리를 하고 매일 계획을 세워서 주제별로 콘텐츠를 올리기 시작하는 거죠.

저도 유튜브 알고리즘을 열심히 공부했어요. 약 4개월 정도 되는 시점부터 실제적 결과가 나오기 시작하더라고요. 조회 수가 안 나오는 것은 사람들이 나를 싫어해서가 아니라 노출 자체가 안 되니까 뷰가 나오지 않는 거예요. 대중으로부터 반응이 느껴지면 다시 에너지를 얻게 되죠.

보통 사람들은 돈이 안 될 거라고 생각하면 아무것도 안 합니다. 아무것도 안하니 해본 것이 없고요. 해본 것이 없으니 결국 잘될 수가 없고, 돈도 못 벌죠. 일종의 악순환입니다. 정말 요즘은 '안 된다, 해도 안 된다' 라는 분위기가 팽배해 있어요. 꿈? 어차피 안 된다는 분위기죠. 아무것도 안 하니 포트폴리오도 없고요. 코칭을 하며 일단 뭐라도 시도해보게끔 돕는 겁니다. 시도하게끔 도와주기 위해선 완벽하게 잘해야 한다는 부담부터 줄여줘야 합니다. 사실 대한민국이 실패를 용인하는 사회가 아니잖아요. 미국이 그래도 위대한 건 실패할 수 있고, 실패를 지지하고, 실패를 보물로 삼아 다음 단계로 갈 수 있는 시스템을 마련해놨다는 점 같아요. 안타깝게도 우리사회는 실패하면 안 된다는 분위기가 있어요. 실패하지 않기 위해, 아무것도 안 하는 거죠.

유튜브는 만든 지 최소 6개월 동안은 거의 조회 수가 안 나옵니다. "조회 수가 안 나오기에 낙심하지 말고 오히려 마음껏 아무거나 도전해보라"고 이야기해 줍니다. '아, 어차피 아무도 안 보니 내가 여러 가지로 시도해 봐도 되겠구나' 그런 마음을 가지도록 돕습니다. 유튜브를 통해 어떤 콘텐츠를 올려야 하는지는 계속 올려보다 보면 알게 되더라고요. 동영상을 한두 개씩 실제로 찍어보고 나면 굉장히 많은 깨달음이 와요. '아, 이렇게 어렵게 작업해서는 유튜브를 계속 못 하겠구나. 쉽게 재밌게 해봐야겠다' 등의 깨달음이죠. 잘 하려고 대본 몇 장을 써서 밤새서 준비해서 방송을 하게 되면, 콘텐츠 하나가 몇 달에 하나 겨우 나오는 거예요. 결국 가장 손쉽게, 뭔가 즐겁게, 나만이 잘할 수 있는 방식으로 찍어나갈 수 있어야 해요. 인간이란 존재가 원래 성장하고 발전을 하잖아요. 열 개 정도 찍고 나면, 내가 뭘 어떻게 해야 하는지 그제야 감이 옵니다.

꿈을 찾아가는 것은 결혼하는 것과 똑같은 것 같아요. 결혼할 때 만나지도 않고 결혼하는 경우는 없잖아요. 대화해보고 호감이 생기면 더 깊이 연애를 하고 그러다가 또 헤어지기도 합니다. 그리고 다른 사람을 또다시 만나서 결혼을 하고요. 꿈도 똑같아요. 막상 하려고 했던 꿈에 도전해보니, '아 진짜 이건 아니다' 싶을 수도 있죠. 그래도 시도한다는 사실 자체가 중요해요. 한 걸음씩 걷게 하자. 결국 '코칭 원리'와 '유튜브를 하는 원리'는 동일해요. 성장하고 발전하게 하기 위한 하나의 도구가 유튜브일 뿐이죠.

인간이라면 누구나 '나의 꿈을 발견하고 가치 있게 살고 싶다'는 목표를 갖고 있다고 봐요. 그것을 위해 예전의 저는 목회 형태로 돕고 1:1 상담으로 그들을 도왔다면, 지금은 코칭으로 돕고 있는 셈이죠. 결국 제가 해온 건 하나에요. 사람들이 더 자기 존재대로 가치 있게 살고, 자기 가능성대로 살 수 있도록 돕는, 그것이 제가 추구하는 하나의 목표입니다.

좋은 이야기가 폭포수 같이 쏟아지네요. 그러나 코칭이라는 게 표면적으로는 쉬워 보일 수 있으나 실은 낮은 자존감을 가졌거나 실패를 거듭한 사람들을 격려해가면서 하나하나 결과를 만들어간다는 건 정말 쉽지 않다고 보거든요. 그랬을 때 일종의 노하우, 노하우라고 표현하면 좀 유치하겠지만, 격려해가는 코치님만의 비법 같은 게 있나요? 어쨌거나 새롭게 시도하는 건 누군가 두려워하니까요.

"꿈을 찾아가는 것은 결혼하는 것과 똑같은 것 같아요.
결혼할 때 만나지도 않고 결혼하는 경우는 없잖아요.
대화 해보고 호감이 생기면 더 깊이 연애를 하고
그러다가 또 헤어지기도 합니다.
그리고 다른 사람을 또다시 만나서 결혼을 하고요.
꿈도 똑같아요. 막상 하려고 했던 꿈을 도전 해보니,
'아 진짜 이건 아니다' 싶을 수도 있죠.
그래도 시도한다는 사실 자체가 중요해요."

꿈을
찾아가고 싶은
그대에게

저는 세 가지 부분으로 나눠서 봐요. 이건 코칭의 핵심인데, 첫째는 감정의 부분, 둘째는 동기부여의 부분, 즉 왜 하는지 어디로 가야 하는지에 대한 것입니다. 세 번째는 실행과 반복 습관의 부분, 이건 플랜이에요. 감정을 다루고 동기 부여를 다루고 계속해서 계획하고 실행하며 반복해서 습관으로 만들어가는 겁니다. 이 세 가지가 핵심적인 기반이죠.

사실 감정적으로 어려우면 목표가 있어도 결과가 안 나와요. 반대로 감정적으로는 괜찮은데, 하고 싶은 게 뭔지 몰라도 안 되겠죠. 반대로 다른 게 다 받쳐줘도 습관이 안 되어 있으면 결과가 안 나옵니다. 일단 감정적으로 어려우면 아무것도 안 되는 거죠. 그럴 때 감정회복을 위해 감정일기 같은 걸 사용하기도 하고요. 계속해서 같이 공감하고 이야기를 들어주며 감정을 회복해갑니다. 그건 감정을 온전히 느끼기 위해서죠. 보통 '감정을 느끼는 나'를 싫어하거든요. 그래서 감정을 안 느끼고 억압하는데, 실컷 울고, 실컷 아파하고 과거의 묻혀 있던 것들도 같이 꺼내서 아파하는 거예요. 온전히, 이런 감정을 느끼는 나를 용납해주는 거죠.

어린 아이들은 슬픔을 느끼면 보통 "으앙" 그렇게 한참을 실컷 울고 나서 금방 회복을 합니다. 어느새 무슨 일이 있었냐는 듯이 "엄마 배고파요. 밥 주세요!" 이러잖아요. 감정이 생기면, 억압하지 않고 그냥 느끼는 거죠. 그런데 점점 커 갈수록 감정을 느끼는 것이 고통스러워서, 피해버립니다. 그때그때 안 느끼고, 감정

189

을 억누르는 거죠. 감정 자체를 안 느끼면서, 참고 이겨내려고 하다 보니 자꾸 감정이 축적되거든요. 다른 일로 바쁘고 정신없을 땐 괜찮은데, 조용히 혼자 있게 되면서 긴장을 풀면, 억압하고 억눌렀던 감정이 스멀스멀 올라옵니다. 그럴수록 더 누르거나 다시 바쁜 일을 하면서 잊어버리려고 해요. 그 감정들을 온전히 느끼도록, 나를 용납하도록, 슬프고 아픈 나를 용납하도록 돕는 거죠. 감정을 느끼는 나를 사랑해주는 게 중요합니다. 이런 감정들이 쌓이고 쌓이면 결국 무기력으로 이어지거든요. 저와 두세 달 정도 매주 지속적으로 이런 감정들을 온전히 느끼고 받아들이게 되면 어느 정도 감정이 해소가 됩니다. 청소년들의 경우 부모님, 친구, 선생님 등등을 향해 실컷 욕하면 더 이상 욕할 것도 없어져요. 실컷 아파했으니까요. 누구나 집중적으로 몇 개월을 제대로 아파하면, 억압했던 감정이 해소되거든요.

3개월 정도 계속 울고 힘들어하면 어느 정도 그 감정이 수그러들어요. 그러면 사람들은 누구나 약간 심심해지고, 뭔가 하고 싶어지죠. 저는 이게 '인간의 가능성'이라고 봐요. 좀 더 가치 있게 살고 싶어 하는 것. 좀 더 의미 있게 살고 싶은 것. 그래서 재미와 의미를 합친 무언가를 하고 싶어 하죠. 재밌고 의미 있는 것을 발견하면 사람들은 무언가에 미치거든요. 그렇게 살고 싶은 거죠. '내가 그동안 무엇에 화를 냈고, 무엇에 가장 불만족스러워했는지' 이런 것들을 이야기하면서 써보기도 하면서, 삶의 큰 방향을 찾아가요. 예를 들어 사람들을 공감하는 것을 좋아했고, 새로운 것을 찾는 걸 좋아했고, 다른 사람들을 위로해주는 걸 좋아했고, 만드는 것을 좋아했고 등등 이런 것들을 정리해가며 '지금의 나'에서 한걸음 성장하는 거죠. 멀게 말고 딱 한 걸음만 가보자. 아까 말한 유튜브도 어떻게 보면 한 걸음씩 걷는 거예요. 오직 한 걸음을요.

마지막은 습관이에요. 보통 사람들이 어떤 습관을 갖느냐면, '아, 해도 안 돼', 이게 사고의 습관이거든요. '아 이거 해도 되겠어?'라며 계속 두려워하는 습관에 젖어 있곤 하거든요. 그러니 안 하게 되는 거죠. 이런 습관을 바꿔보는 겁니다. 내가 현재 0점인데 1점이 되면 나를 칭찬해주는 습관. '내가 100점을 목표로 하는데 나는 아직 10점이야, 아직 90점이나 모자라.' 그런 마음이면 아예 시도조차 안 하죠. '내가 10점인데 11점이 되어가는구나. 한 달 만에 1점이 올랐어.'라고 사고를 바꾸는 겁니다. 한 달에 1점만 올라도 1년이면 10점 이상이 오르는 거예요. 엄청난 발전이죠. 그렇게 10년만 오르면 100점이 되는 거죠. 10년 돼서 100점이 되는 삶은 엄청나게 빨리 발전한 것 아닌가요? 이런 식으로 '성장의 사고'를 가지고 매주 하나를 실행할 수 있도록 돕습니다.

그리고 목표를 세울 때 실패할 목표를 세우면 안 되고, 성취할 수 있는 목표를 세워야 합니다. 코칭을 할 때도 성취할 수 있는 목표를 정해요. 가령, 이번 주 목표는 '헬스장 앞에서 사진만 찍고 돌아오기'라고 해보죠. 운동 많이 안 해도 됩니다. 쉬운 목표를 세우고 기한을 정하고 계속적으로 성취하게 만듭니다. 그리고 작은 성장을 통해 스스로를 '할 수 있는 존재'로 여기고, 큰 목표를 이루어가게 돕는 거죠. 그게 쌓이면 어느 순간 계속 성취할 수 있는 존재가 되어 있죠.

다시 한 번 정리하자면 감정, 동기부여, 실행 단계로 이어집니다.

들으면서 궁금한 게 생깁니다. 결국, 이 모든 과정을 해내기 위한 코치로서의 자질은 무엇일까요? 우선 한 사람을 섬세하게 바라볼 수 있는 예리함이 중요할 것 같아요. 사람마다 각자의 기질과 결이 있으니까요. 게다가 동기부여도 해야 하고 습관도 만들어야 하는데, 사람이 다 다르잖습니까.

코치님이 이전에 "내가 이 사람을 다 안다는 게 아니라 같이 모험을 한다는 기분으로 코칭을 한다"라고 하셨잖아요. 그걸 대전제로 깔았을 때, 한 사람 한 사람을 잘 파악할 수 있는 노하우 같은 게 있나요? 더 유심히 듣는다거나, 다시 한 번 이 사람에 대해서 집에 와서 생각을 한다거나.

이게 좀 쉬우면서도 어려운 질문 같은데요. 저는 사실 남을 알려고 그렇게 애쓰진 않아요. '지금도 과연 제가 남에게 희생을 하고 있는가, 남을 도우려고 하는가'를 생각해보면, 물론 한편으론 맞는데, 결국 이건 다 저를 위한 행위거든요. 저를 알아가고 성장시키기 위해 사용한 모든 방법들을 남에게 적용을 하는 셈이죠.

'나를 알아가는 것'이 곧 '남을 알아가는 것'이라고 생각하고요. 결국 저는 폭을 넓혔을 뿐인 거예요. 내게 좋았던 것을 가지고 남에게 기여하게 되는 거죠.

'기여'라는 단어가 오랜만에 나왔습니다.(웃음) 맞습니다. 내게 정말 좋았던 것을 가지고 기여해야 하죠.

스스로의 방식대로 할 수 있도록 하는, 그 사람에게 적합한 방식대로 할 수 있게 하는 거죠. 저한테도 수없이 적용했던 것들. 저도 수많은 방법들을 사용해서 저의 아픔들을 해소했거든요. 오랫동안 나 자신에게 실험했습니다. 하루는 마음이 너무 아파서 떼굴떼굴 아파하며 굴렀어요. 그러고 나서 생각해보니, '혼자서 떼굴떼굴 구르는 건 너무 효과적이지 않다' 싶었어요. 그래서 감정해소에 대해 연구하기 시작했죠. 일기도 써보고, 사람들과 나눠보기도 하고. 저한테 일종의 실험들을 계속했어요. 감정에 대해서 공부하기도 했고요.

결국에는 내가 해본 만큼, 내가 폭넓게 사고한 만큼 남을 대할 수 있어요. 정답은 없죠. 좀 더 발전해 나갈 뿐이에요. 그런 두려움과 떨림을 가지고, 상대방에게 강력한 질문을 던져서 한걸음씩 갈 수 있도록 돕습니다. '이것만이 정답이다!' 저도 그랬던 시절이 있었어요. 이게 전부야, 라는 식으로 말하고 후배들에게 가르치고 혼냈죠. 조금 살아보니, 또 알고 보니 제가 알고 있는 게 정말 먼지 정도의 크기에 불과하더라고요. 우주에서 가장 큰 별이 지구의 사천조 배거든요. 결국 인간 한 명이 우주인데, 그런 우주인 한 사람 한 사람을 대한다면, 당연히 겸손하게 접근해야겠죠.

너무 좋은 키워드가 나온 것 같습니다. '두렵고 떨림'이란 게 결국 겸손이겠죠. 내가 이 사람을 알 수 없다는 겸손함. 한편으론 때론 무척 답답하실 것 같거든요. 누군가를 코칭 할 때 그의 과거사를 다 듣고 이해하더라도 너무 더디게 갈 땐 답답할 텐데요.

그 사람에게 맞는 시기와 방식에 대해 생각해요. '빨리'라는 기준도 제가 세운 거고, 방법도 제가 세운 거니까요. 그것을 내려놓지 않으면, 코칭이 정말 어렵거든요.

결국에는 '상대방에 대한 내 생각을 내려놓느냐 아니냐'가 '좋은 코칭이냐 아니냐'를 가르는 기준이에요. 상대방은 다 알거든요. 눈빛으로 다 알아요. 저 사람이 나를 답답해하고 있는지 다 느껴지거든요. 그래서 내가 답답해하면 '답답해하는 한계' 속에서 질문하게 돼요.

꿈을
찾아가고 싶은
그대에게

"상대방은 다 알거든요. 눈빛으로 다 알아요.
저 사람이 나를 답답해하고 있는지 다 느껴지거든요.
그래서 내가 답답해하면
'답답해하는 한계' 속에서 질문하게 돼요."

그렇다면, 코치님이 만난 여러 사람들 중에서 유독 코치님께 힘들었던 유형은 누구였나요? 유독 나를 힘들게 하는 유형 같은 게 누구나 있잖아요.

제가 가지고 있는 핵심 가치에서 빗겨나 있는 사람이겠죠. 저는 열정, 배려, 희망, 공감, 이것을 중요하게 여기거든요. 저는 열정적으로 살아야 한다고 생각하고, 남을 배려하며 살아야 한다고 생각하고, 희망을 가지고 공감하며 살아야 한다고 생각하는 사람이에요. 하지만 이것조차 제가 가지고 태어난 기준이고, 그것을 모든 사람에게 적용할 수 없음에도 불구하고 저에게 짜증나는 사람은 뭘 하려고 하지도 않고 남에게 함부로 이야기하는 사람이에요. 또한 맨날 절망적이고, 맨날 안 된다고 투덜거리고, 맨날 삶은 지옥이고, 늘 남 탓하는 사람이죠. 공감하지 않고 남의 감정 신경 안 쓰는 게 저를 짜증나게 하는 거예요. 이것에 대해 저만의 기준이 높아서 그래요.

하지만 이걸 업무적으로 보았을 땐, 나와 다른 가치를 가지고 성숙함을 이룬 사람, 그런 사람과 팀을 이뤄야 하더라고요.

나와 전혀 다른 핵심 가치를 가지고 있지만, 그것을 가지고 성숙을 이룬 사람을 말하는 거죠?

예, 일할 때 서로 가치는 다르더라도 성숙됨을 가지고 서로를 인정할 수 있는 사람이 저에게 필요해요. 예전에는 이런 사람과

일해야 하고, 이런 사람이어야 하고, CEO는 이래야 한다, 라고 생각했는데 저도 저만의 강점을 알아가면서 그런 생각이 바뀌었어요. 가령, 저는 공감에 능한 편이지만, 때론 공감하지 말고 아주 직관적으로 이야기해줄 수 있는 사람이 제게 필요해요. 단순히 예의를 지키기보다는 단호하게 의견을 이야기할 수 있는 사람, 이런 사람이 팀원으로 간절해지더라고요. 대신 같은 목표를 향해 갈 수 있는 사람이어야겠죠.

구글의 두 CEO 세르게이 브린과 래리 페이지가 떠올랐어요. 둘이 처음 만났을 때 정말 안 맞았고, 지금도 잘 안 맞는데, 바라보는 비전이 같으니 함께하게 된다고 하더라고요. 핵심은, 나와 다른 핵심 가치를 가졌어도 어느 정도 성숙함을 이룬 사람이라면, 같이 무언가 만들어갈 수 있다는 것이겠죠?

예, 맞습니다.

지난번에 했던 이야기를 좀 더 해보고 싶어요. 제가 지난번 인터뷰 때 '작가는 작가로 태어난다'라는 이야기를 드렸잖아요. 코치님은 코치로 태어난 것 같다고 말했고요. 그럼에도 불구하고 분리되는 부분이 있지 않나요? 1:1 코치로서의 자아, 그리고 삶 속에서의 자아 사이의 격차랄까? 가령, 저를 예로 들자면, 제가 코치님을 비롯해 누군가를 인터뷰할 때 소재웅으로서의 자아는, 그것을 벗어났을 때의 자아와 크게 다르다고 볼 순 없지만, 분명히 다르다는 느낌을 받거든요. 당연히 달라야 하고요. 코치님도 그런 격차를 느끼실 때가 있는지.

지난번에 이야기한 페르소나(역할가면)라는 개념을 한 번 더 이야기하자면, 그것을 상황에 맞게 빨리 바꾸는 사람이 건강하다고 하더라고요. 그 상황에 가장 적합한 페르소나를 가질 때 건강해지는 거죠. 가령, 군인이 군인의 모습을 하고 집에 들어가서도 막 명령하면 그 가정은 불행할 거예요. 제가 존경하는 사장님 한 분은 집에서 거의 하인 같은 모습이에요. 굉장히 멋있고 완전 사나이인데, 집에서 거의 사모님의 하인 수준이죠. 그런데 그게 너무 멋있더라고요. 저도 그걸 지향해야 해요. 코치는 코치로 있어야 하고, 또 자존심 상관없이 누군가를 모셔야 할 때가 있고, 어느 자리에선 어른으로 있어야 할 때가 있겠죠. 사실 제가 항상 잘한다는 것은 아니고요. 그러려고 노력할 뿐이에요. 그래도 제가 어디 있든 똑같은 건 뭐냐면, 되도록 들으려 하고 질문하려고 노력한다는 겁니다.

코치라는 직업이 좋은 건, 코치로서 요구되는 것을 그대로 삶으로 끌고 와도 더 좋은 삶을 살게 된다는 거 아닐까요? 예를 들어, 군인은 보통 상명하복에 철저히 살아가는 사람들이 진급할 수밖에 없는 구조 속에 있잖아요. 만약 군인으로서의 자아를 그대로 가정으로 가져오는 순간, 평화는 깨질 수밖에 없잖아요. 반면 코치는 그런 것 같지 않다는 거죠. 코치로서 최고의 코치는 좋은 질문과 경청을 하는 코치인데, 그것을 그대로 끌고 가정으로 왔을 때 더 가정이 좋아질 수 있지 않을까요?

만약 집에서도 코치로의 모습으로만 있으면 그건 아빠도 아니
도 남편도 아니게 돼요. 물론 코치로서 훈련된 태도는 좋죠. 코칭
을 배우는 초기에 정말 엄격하게 듣기 훈련을 했어요. 아내는 가
끔 제게 무언가 제 의견을 말해주기를 원했거든요. 그런데 제가
끝까지 답을 안 했던 때도 있다고 전에 말씀드렸죠.(웃음) 글쎄
요. 현재는 그냥 인간으로서 있고, 저도 집에 가면 그냥 막 이야
기하려고 해요. 그런데 아내는 그런 게 별로 상관이 없는 사람이
에요. 제가 제 얘기만 하건 제가 딴 짓을 하건 그냥 자기 이야기
를 잘 해요. 오히려 그래서 저는 굉장히 마음이 편해요. 자기 이야
기 듣든 말든 계속 자기 이야기를 하니까요.(웃음)

**방금 이야기하신, 페르소나에 대한 부분이 좋은 통찰을 주네요. 그때그때
가장 적합한 페르소나를 유연하게 사용할 수 있는 게 중요하다는 거겠죠.**

예, 저도 코치로만 있으면 아빠가 아닌 거죠. 오히려 저는 인간
이 되려고 많이 노력해요. 자녀들 앞에서 너무 절제되거나 완벽
을 추구하지 않고 오히려 화난 모습, 실망하고 힘들어하는 모습
을 아이들에게 보여주려고 노력합니다. 오히려 아빠의 힘든 모
습을 볼 때 아이도 자신의 인간적인 모습을 받아들일 수 있다고
보거든요.

항상 괜찮고, 절제된 모습의 아빠가 '과연 아이한테 가장 좋을
지'를 요즘은 오히려 고민해요. 실제로 화는 안 나도 "딸아, 이렇

게 행동하면 아빠가 화날 거 같지 않니?" 제 감정에 솔직해지려 하죠. 그래야 아이가 자기 자신의 삶에서 누가 자기를 화나게 했을 때 "너가 이렇게 행동하면 내가 화가 난다"라고 말할 수 있고 솔직할 수 있지 않을까 싶거든요. 이제는 그럴만한 자신감이 생겼는지도 모르겠습니다. 예전에는 화가 나면 너무 격하게 났다면, 이제는 그걸 말로 설명할 수 있는 단계가 되어서 그런 거 아닌가 싶어요.

마지막 질문을 드릴게요. 코치님은 1:1 코칭을 하실 때, 그리고 대중들 앞에서 코칭에 대해서 설명하실 때, 둘 중에서 어떤 게 좀 더 편안하신지 궁금하네요.

저는 무엇보다 1:1 코칭이 제일 편해요. 저는 2명만 돼도 낯을 가리고 어색해하는 편이거든요. 두세 명이 되면 되게 낯을 가리는 상황이 펼쳐져요. 하지만 대중 강연에서 주는 역동적인 분위기, 대중이 주는 즐거움이 분명 있어요. 그래도 1:1 코칭이 편해요. 끊임없이 훈련을 했고, 그런 낯가림과 공포를 많이 해소를 한 것 같으면서도 1:1 코칭이 더 편하긴 한 거죠.

제가 코칭 한 친구 중에 피아노를 치는 친구가 있는데 혼자서는 미친듯이 잘 쳐요. 그런데 사람들 앞에만 가면, 특히 담당 교수님이 보고 있으면, 연주를 틀려요. 덜덜덜 떠는 거죠. 그럴 때 사람들은 보통 "다른 사람은 신경 쓰지 마" 이런 식으로 조언하잖아요. 그런데 저는 음악에 더 집중하도록 도와줬어요. "너의 음악에 너는 어떤 감정을 느껴?" "이걸 느꼈을 때 너의 몸 상태는 어때?" 이런 식으로. 그렇게 집중했을 때 정말 많이 회복을 하더라고요. 피아노에 100% 몰입을 하면 수십만 명이 있어도 상관이 없는 거죠.

저는 강의를 하면 마이크를 딱 드는 순간 그 안으로 들어갑니다. 피아노에 집중하듯 말이죠. 물론, 들어가기 전까지는 떨리고 수시로 화장실을 갔다 오지만, 마이크 딱 드는 순간, 그 순간에 몰입합니다. 10여 년간 강의를 대략 5-600번은 했고, 개인 코칭으로도 수없이 했던 말들이기 때문에, 거의 익숙한 내용들이거든요. 거의 거기서 벗어나지 않습니다. 저는 강의 내용이 계속 바뀌는 걸 싫어해요. 내용이 똑같다고 해서 똑같은 강의라고 보지 않거든요. 노래도 아무리 같은 노래라도 부르는 사람, 대상에 따라 다른 거잖아요. 발차기도 수만 번 한 사람과 한두 번 한 사람이 전혀 다른 것처럼 말이죠. 영혼을 담아서 하려고 해요. 동일한 콘텐츠를 가지고 더 깊이 있는 강의를 하려고 노력해요.

아무튼, 그냥 제가 피아노를 연주하듯, 거기에 100% 몰입해서 하면 강의가 많이 편해지는 듯싶어요. 대중 강연이 주는 특유의 희열이 있어요. 스파크를 일으켜서 동기부여를 한다는 측면에서 특히 좋은 것 같고요.

"저도 코치로만 있으면 아빠가 아닌 거죠.
오히려 저는 인간이 되려고 많이 노력해요.
자녀들 앞에서 너무 절제되거나
완벽을 추구하지 않고 오히려 화난 모습,
실망하고 힘들어하는 모습을
아이들에게 보여주려고 노력합니다.
오히려 아빠의 힘든 모습을 볼 때
아이도 자신의 인간적인 모습을
받아들일 수 있다고 보거든요."

꿈을
찾아가고 싶은
그대에게

유튜브 잘하는 4가지 방법

유튜버 코칭을 해나가면서 알게 된 몇 가지 경험들을 '유튜브 잘하는 4가지 방법'이란 제목으로 적어본다.

작년 개인 코칭을 하는 분들을 중에서 유튜브를 운영해온 분들도 있고, 또 '이 분이라면 유튜브를 시작하면 좋겠다'고 생각했던 분들이 있었다. 그래서 기존에 운영하셨던 분들은 더 잘하도록, 안하는 분들은 시작을 도와야겠다 생각하며 나도 유튜브를 공부하기 시작했다. 그리고 기존 개인코칭에 '유튜브 코칭 프로그램'을 만들어 진행하게 되었다.

6개월 정도가 지나자 몇몇 분들이 나름 좋은 열매들을 맺기 시작했다. 기존 유튜버는 조회수가 증가세로 바뀌고, 조회수 수십만 이상의 영상이 나오기도 했다. 처음 유튜브를 시작한 분도 팬

층을 확보해가며 유튜버로 성장한 사례도 있다.

작지만 그동안의 결과들을 바탕으로 4가지 핵심 원리들을 정리해 보았다. 유튜브를 시작하시려는 분들이나 현재 운영하는 분들에게 도움이 되었으면 한다.

1. 실행하기

유튜브를 시작하고 싶지만 보통 생각이 많고, 계획만 세우게 되면 결국 끝까지 실행을 못한다. 이렇게 계획에서 멈추는 이유는 더 잘하기 위함이거나 잘 못하는 것을 두려워해서다.

유튜브를 시작하시려는 분들에게 처음 하는 말은 이것이다. "최소 동영상을 10개정도 찍고 올려봐야 내가 무엇을 찍을 것인지, 어떻게 찍어야 하는지 알게 됩니다."

처음엔 보통 몇 개월에 걸쳐서 거창한 계획을 세우고 완벽하게 준비해서 유튜브를 시작하려 하는데 이렇게 해서는 영상 하나 찍다가 포기하게 된다. 왜냐하면 최소 주 1~2회는 매주 찍어 올려야 하는데 하나 찍다가 엄두가 안 나서 포기하게 되기 때문이다.

"원대한 아이디어보다 하찮은 실행이 낫다"
_〈**창업가의 일**〉 중에서

2. 지속하기

유튜브를 시작하고자 마음을 먹으면 대부분 며칠은 열심히 올린다. 내가 말려도 오히려 밤을 지새우며 매일 콘텐츠를 만들어 올린다. 그런데 이렇게 하면 오래가지 못한다. 유튜브는 단거리 경주가 아니고, 장거리 마라톤이기 때문이다.

이미 얼굴이 알려진 연예인이 아닌 이상(심지어 실제로 만나본 몇몇 연예인들의 말을 들어보아도 조회수가 안 나온다고 고민들을 하더라) 최소 6개월간 한 주에 최소 1~2회는 올려주어야 조회수가 나올까 말까이다.

유명한 크리에이터들을 보면 대부분 오랫동안 꾸준히 유튜브를 관리해온 분들이다. 요즘 핫한 크리에이터인 JM님도 초반 2년은 수입이 100원도 안 되었다고 말하지 않는가? 결국 매주 1~2개의 콘텐츠를 지속해서 올리는 '지속하는 능력', 이것이 너무 중요하다.

시수(SISU)* - 자신의 능력이 한계에 달했다고 느낀 뒤에도 계속 시도할 수 있는 정신력을 뜻한다

* 시수(SISU): 역경을 마주하는 강한 의지(핀란드어에서 유래)

3. 성장하기

실행 〉 수정 〉 실행 〉 수정 〉 무한반복

유튜브를 열심히 하시는 분들 중에 안타까운 분들이 있는데, 그 이유는 보는 사람 입장에서는 관심이 없는, 그리고 잘 이해 안 되는 내용을 올리기 때문이다. 열심히 만들어 올리지만 보는 사람의 입장에서는 관심도 안가고, 재미도 없다면, 솔직히 그 영상을 볼 이유가 별로 없다. 그럴 땐 솔직하게 "정말 개인적인 생각입니다만 제 입장에서는 이 영상을 별로 보고 싶지 않네요."라고 말해 주곤 한다.

물론 처음부터 재밌는 영상을 만들 수는 없다. 결국 실패하고, 실패하다가 댓글의 요청이나 트렌드를 읽고, 성장하게 된다. 그래서 유튜브는 당장의 콘텐츠나 재능보다 지속적으로 성장하는 능력이 중요하다.

"매일, 매주 지속 성장한다면 1년이면 얼마나 달라질까? 늘 하던 대로 하면 늘 얻던 것을 얻는다."

_ 미상

4. 두려워하지 않기

처음부터 안티가 생길까봐 걱정을 하는 분들이 많다. 그런 분들에게 이렇게 말씀드린다.

"처음 몇 개월은 제발 댓글에 욕이라도 누가 해주길 바라게 될 겁니다. 조회수 자체가 아예 안 나오기 때문입니다."

미움도 관심이란 말이 있다. 안티가 생겼다는 것은 영향력이 생겼다는 것이다. 한동안 유튜버의 계정관리를 도우며 안티들에 대해 연구를 했다. 안티들 때문에 열 받아서 공부한 건데 하다 보니 안티 대응 공식 같은 것들도 있다는 것을 발견했다.

안티님들에게 욕먹으면 내 유튜브도 아닌데 정말 열 받더라⋯ 심지어 어떤 분들은 보지도 않고 욕한다. 내용 때문이 아니라 그냥 '욕하기 위해' 욕하는 분들도 많다. 그런데 안티분들이 욕을 하면서, 또한 팬들과 다투기도 하면서 오히려 조회수를 늘려준다는 것을 발견했다. 그런 면에서 안티는 축복이다. 물론 내가 큰 잘못을 했거나 안티만 있으면 안 되겠지만 적절한 안티는 축복임을 알게 됐다.

결국 나를 좋아하는 팬 1명에게 집중해야 한다.

"주변의 10명을 골라서 확인해보면 이런 결과가 나옵니다. 2명은 나를 싫어하고 7명은 관심없으며 한명만 나를 좋아한다."

_ **윤대현 교수**

　　이상으로, 부족하지만 작년부터 유튜브 코칭을 해나가면서 발견한 경험들을 정리해 보았다. 유튜브를 시작하시려는 분들에게 도움이 되었으면 한다. 또한 위의 내용들이 유튜브에만 적용되는 내용은 아니란 생각도 들었다. 오늘 하루도 우리 모두 실행하고, 지속하고, 성장하길, 그리고 두려워하지 않는 우리 모두가 되길 바란다.

Chapter. 10

춤을
추고 싶은
그대에게

"삶은 우리가 생각하는 것보다 훨씬 짧습니다.
만일 타야 할 자전거와 사랑해야 할 사람들이 있다면,
바로 지금이 그것을 할 때 입니다."

- 엘리자베스 퀴블러 로스

오늘은 코치님을 만나 어떤 걸 나눌까 고민하다가 코치님 페북을 한 번 쭈욱 훑어보았습니다. 코치님을 잘 모를 때 보던 페북이랑, 지금 보는 페북은 느낌이 꽤 다르더라고요. 아, 이런 마음으로 쓰셨겠구나, 싶었습니다.

그중에서 특히 '하늘을 날기 위해서 놓아주어야 할 것들'이란 글이 눈에 들어오더군요. 자격지심, 욕심, 원망, 피해의식, 이 네 가지에 대해서 말씀하셨어요.

예전에 한 단체에서 리더를 할 때, 나름 큰 뜻을 품고 했어요. 다른 계산 없이 정말 열심히 했죠. 그 후로 여러 가지 일들을 하면서 '일이 꼭 열심히 한다고만 되지 않는다'는 걸 느꼈어요. 저 자신이 너무 많은 에너지를 쏟아서 탈진하기도 했고, 창업을 하고 좋은 결과를 내고 싶어 최선을 다하기도 했고, 그런 부분들을 지금껏 훈련했다면, 이제는 그 이상을 넘어가서 힘을 빼는 법을 배우고 있다고 생각합니다.

처음에는 교회라는 곳을 넘어 세상으로 나오고 난 후 많은 걸 느꼈죠. 새벽에 스타벅스에 가면 사람들이 가득하더군요. 열심히 자기계발하고, 공부하고… 그렇게 열심히 하는 사람들을 보면서 '내가 너무 부족했구나. 그 동안 노력은 하지 않고 신의 은총만 구하며 살지 않았나' 싶더라고요. 저도 나름 열심히 살았지만, 그럼에도 불구하고 '더 미친 듯이 노력해야겠다' 그런 생각을 하게 된 거죠. 조금 하다가 안 되면 그만두고, 조금 해보고 안 되면

신의 뜻으로 돌려버렸던 것이 아닌가 반성도 했어요. 밖에 나오니 다들 너무 열심히들 살더군요. 제 자신의 부족함이 느껴졌어요. 내가 모르는 게 너무 많고 아는 게 없구나, 싶었어요.

그렇게 한동안 내 의지와 노력을 다해 끝까지 열심히 살았어요. 그러면서 한편으로 얻게 된 건, 노력의 끝까지 가보고 몸도 아파보고 내 삶을 던져보고 나니 '이게 또 노력만 한다고 되는 게 아니구나'라는 깨달음이었어요. 춤을 정말 잘 추는 고수는 오히려 몸의 힘을 빼더라고요. 힘을 뺀 상태에서 춤을 출 수 있는 거죠. 저는 춤추는 영상을 즐겨 보는 편인데, 박진영이나 리나 킴 같은 사람들은 그야말로 '힘이 빠진 상태'에서 리드미컬한 춤을 추더라고요.

알바트로스라는 새가 있잖아요. 그 새는 바람에 몸을 맡긴 채, 힘을 빼고 한 번에 수천 킬로미터를 날아간다고 합니다. 그 새가 바람에 몸을 맡기는 것을 보면서 '아, 이 일들을 내가 하루 이틀 할 것도 아니고, 힘을 빼야 하는구나' 싶었어요. 그리고 이게 또, 몸을 던져 잔뜩 힘을 줘봤으니 깨닫게 된 일종의 교훈 같아요.

그렇다면, '힘을 빼는 게 뭔가'라고 했을 때, 나를 바람에 맡기거나 내려놓는 것이라고 봐요. 이전에 창업할 때는 '내가 정말 열심히 해야지!'라는 생각으로 가득했어요. 내 사업을 하게 되면 꼭 성공해야만 하고, 그러다보면 욕심 부리게 되고, 서두르게 되고,

그러다보면 자격지심이 밀려오게 되죠. '난 이것밖에 안 돼'라면서 남들과 비교하게 되고요. 농사를 짓듯 욕심 부리지 않고, 꾸준히 지속하며 자연의 원리를 따라야 하거든요. 바람이 불면 돛을 띄우는 것처럼 말이죠. 아까 이야기한 알바트로스 같은 경우는 땅에 떨어질 때도 바람의 흐름을 안다고 해요. 날개를 접었다 피면서 능숙하게 날아가죠.

일이 조금 잘되면 '나 이제 잘 나가는구나' 하다가도 일이 조금 안되면 '난 이제 망하나보다' 했던 때도 있었던 것 같아요. 나 자신을 큰 바람에 맡길 수 있어야 하는데, 그건 나를 넘어서서 바람과 자연의 법칙에 집중해야 가능하다고 생각해요. 거대한 바람 앞에서 날개짓만을 열심히 하면서 날아오르려 한다면 말이 안 되겠죠. 그건 마치 내 앞의 거대한 바람은 생각하지도 않고 당장 날아오를 것 같이 발버둥만 치는 거잖아요. 날개를 훈련하는 방법을 알아야 해요. 삶에서 100% 신비로움을 인정하고, 또 100% 노력해 가면서 그렇게 200%가 됐을 때 제대로 날 수 있다고 봐요. 그러나 이건 아주 어려운 일이죠. 나를 내려놓는 건, 거의 죽음과 같다고 생각합니다.

계속해서 내가 드러나고 싶고, 인정받고 싶고, 다들 이미 나를 인정을 해주는데도 더 많이 인정받고 싶잖아요. 인정을 누가 안 한 적도 없고, 비난받은 적도 없는데 그런 마음에 휩싸이곤 하는 거죠. 남들은 신경도 안 쓰는데 혼자 '남들이 나를 어떻게 생각할까?' 신경을 잔뜩 쓰고 있는 거죠. 차라리 그 시간에 더 건강하게, 그냥 밭을 한 번 더 가꾸고 일구고 씨앗을 심고 물을 주고 기다리는 게 중요해요. 사실 삶은 기다리는 게 대부분이잖아요. 기다려야 하는 때에 무언가를 더 하려고 하는 게 오히려 문제가 됩니다.

주식전문가의 말에 의하면 주식도 결국 주식을 사지 않고 기다리는 시간에 돈을 벌 수 있는 거잖아요. 돈을 빼놓고 기다려야 하는 것이죠. 기다려야 하는데 자격지심이나 욕심에 휩싸이면 기다릴 수가 없어요. 사실상 그러한 마음들도 연장선상에서 보면 그 중심엔 '내'가 있는 거예요. 자랑을 하건 열등감을 표시하건 그 둘은 사실상 동전의 양면이거든요. 자랑하는 것도 과시하는 것도 열등 콤플렉스의 또 다른 표현인 거죠. 이런 마음들을 내려놓을 때만이 비로소 바람을 느낄 수 있고, 바람에 나를 맡길 수 있어요. 큰 흐름 속에서 뜻대로 흘러갈 수 있는 거죠.

어떤 말씀인지 조금은 알 것 같아요. 저도 큰 틀에서는 비슷한 생각을 할 때가 있거든요. 그렇다면 지금 말씀하신 그 부분은, 인간 정진으로서의 이야기일 수도 있지만 조금 더 온전하고 잘 다듬어진 코치로 가기 위한 과정일 수도 있겠네요?

예, 그렇습니다.

한편으론, 지금 말씀하신 걸 코칭과 연결해보자면 궁금한 게 생기네요. 코칭이란 건 한 사람이 가진 잠재력을 끌어내고 목표를 설정하고, 그 다음 단계로 갈 수 있도록 돕는 거잖아요. 물론 코치가 있지만, 코칭을 받는 사람 역시 의지를 가지고 그것을 헤쳐나가야 할 테고요.

그랬을 때 묘한 긴장감 같은 게 있는 것 같아요. 어쨌거나 정말 노력해서 자기 힘으로 나아가야 할 부분이 있고, 방금 말씀하신 것처럼, 흐름에 맡겨야 하는 부분도 있으니까요.

〈K-POP스타〉에서 박진영이 유명한 말을 던졌죠. "공기 반 소리 반"이라는 이야기. 그 프로에 나온 수많은 지망생들이 끝내주게 노래를 해도 박진영은 "그게 전부가 아니다"라고 말하잖아요. 힘을 빼고 그 노래에 빠지면서 순수하게 감정을 느끼는 것, 즉 나자신을 온전히 그 노래에 맡긴다고나 할까요. 뭔가 더 잘하려고 하는 게 아니라, 노래와 하나가 되는 거죠.

코치들이 코칭을 표현할 때 "고객과 춤을 춘다"라는 표현을 쓰거든요. 상대방의 인생과 춤을 추는 셈인데, 처음에는 뭐랄까… 스텝을 하나씩 밟아야겠죠. 그 다음에는 열심히 추겠죠. 그 춤을 완전히 익힌 다음에는 어느 순간 상대방에 내 몸을 맡기고, 쭈욱 흐름을 따라 추는 거예요. 앎의 단계를 봤을 때도 첫 단계는 '자기가 모른다는 것도 모르는 단계'예요. 가령, 내가 운전을 못 한다는 걸 깨닫지 못하다가 성인이 되고 나서 운전의 필요성을 느끼면서 '아, 내가 운전을 못 하는구나'라는 걸 깨닫는 거죠. 그 다음에 비로소 운전을 배워갑니다. 지금 제 아내가 그런 단계에요.(웃음) 운전에 익숙해지면 졸면서도 운전을 하잖아요. 물론 졸아도 된다는 게 아니라, 자연스럽게 무의식적으로 운전을 하게 되는 건데, 카 레이서들을 보면 마치 자동차에 자신을 맡기는 것 같아요.

코칭도 그래요. 끊임없이 질문을 훈련하고, 연습하고, 거의 6-7년은 정신없이 그런 훈련을 했어요. 그 다음부터는 이제 고객에게 맡기는 거죠. 제가 오히려 힘을 빼고, 제가 오히려 방해가 되지 않도록 하고, 그 안에서 고객이 날아오를 수 있도록 노력합니다.

저의 경우를 이야기하자면, 너무 잘하려는 욕심을 내려놓으니, 다음 단계가 보이더라고요. 코치가 잘하려고만 하는 걸 벗어나야 코치를 할 수 있거든요.

"코치들이 코칭을 표현할 때

'고객과 춤을 춘다'라고 표현하거든요.

상대방의 인생과 춤을 추는 셈인데,

처음에는 뭐랄까… 스텝을 하나씩 밟아야겠죠.

그 다음에는 열심히 추겠죠.

그 춤을 완전히 익힌 다음에는

어느 순간 상대방에 내 몸을 맡기고,

쭈욱 흐름을 따라 추는 거죠."

춤을
추고 싶은
그대에게

굳이 비유하자면, 하수에서 고수로 가고 있는 거네요?

이렇게 말하면 좀 웃기긴 한데, 제 인생을 받아들이는 단계, 함께하는 단계에 있지 않나 싶어요. 부모도 마찬가지 같아요. 열심히 키우는 단계가 있고, 자녀가 떠날 수 있도록 놔줘야 할 단계가 있는 거죠. 사실 차라리 내가 직접 하는 것이 편하거든요. 자녀가 직접 하다가 실수하고 다치는 것을 보는 건 정말 떨리는 일이죠. 가서 막 도와주고 싶고, 대신해 주고 싶잖아요. 자녀 양육뿐 아니라 자신의 일에 대해서도 같다고 봐요. 지난 코칭의 시간들을 통해 그런 원리들을 배운 셈이죠.

순간 떠오른 스포츠 선수가 있습니다. 제가 워낙 스포츠를 좋아하다보니 또 스포츠 선수를 예로 들게 되네요. 테니스 황제 로저 페더러 이야기를 하고 싶습니다. 페더러의 스윙을 보면 예술이에요. 그의 스윙을 슬로우 모션으로 보면, 백핸드든 포핸드든, 치는 순간 공을 바라보기보단 공을 안 보고 자기가 치는 곳을 바라보며 스윙을 하더라고요. 아마 우리가 모르는 수많은 연습이 있었겠죠. 페더러 스윙을 볼 때마다 '한 분야에서 일가를 이룬 장인이 만들어낸 부드러움의 극치'가 떠오릅니다. 그게 갑자기 떠오르네요. 어찌 보면 코치님도 그러한 부드러움을 배워가시는 과정이겠구나, 싶었습니다.

그러면서 든 생각은, 코치님 스스로도 내면에 열등감이 있으실 것 같아요. 열등감이 밀려올 때 코치로서 그걸 어떻게 다스려 가는지 궁금하네요.

물론, 저 역시 열등감이 있죠. 요즘은 누구나 서로를 비교하는 시대잖아요. '나는 왜 이럴까. 잘 하고 있는 건가.' 제가 못하는 영역으로 옮겨왔을 때 특히 그러한 마음이 밀려오죠. 특히 뭔가 처음 하게 됐을 때 더더욱 그래요. 처음 창업을 했을 때, 정말 그런 생각을 많이 했어요. 원래 하던 영역에선 제가 오래 해왔으니 잘 해왔지만, 못 하는 영역에 와서는 스스로를 향해 '너는 왜 이걸 못 하냐, 정말 한심하구나'라고 이야기했죠. 못 하면 안 되는, 못 하는 것이 치명적인 약점이다보니 힘들었어요.

아들러가 열등감이란 개념을 만들었잖아요. 아들러는 "건전한 열등감은 이상적인 나와 비교하는 것"이라고 했어요. 나쁜 열등감은 '콤플렉스'라고 하는데, 그건 남과 자신을 비교하는 거예요. 가령, 물고기가 자신을 새와 비교하거나 사과나무가 자신을 포도나무와 비교하는 셈이죠.

SNS가 그런 분위기를 만들어내기도 해요. 그럴수록 나를 타인과 비교할 게 아니라, 내가 나로 성장할 수 있도록 저 역시 코칭을 받아야 해요. 나쁜 열등감에 대해서 코치에게 얘기하고 힘든 마음들을 감정 일기에 쓰기도 하고, 다른 사람과 이 감정을 나누는 거죠. 이런 식으로 나쁜 열등감을 정리해나가는 겁니다.

저도 똑같이 약하고, 뭔가 다른 사람보다 앞선 사람이 아니에요. 저도 동일하게 성장하고 있는 사람이잖아요. 저 역시 저를 끊

임없이 돌아보고 관리하지 않으면, 저 역시 생명이기 때문에 힘
들어지는 거죠. 끊임없이 깨어 있어야 해요. 저 자신을 돌봐야 하
는 거죠.

　그래서 코칭이란 게 두렵고 떨리는 일이에요. 제가 죽어 있으
면 죽은 질문이 나가고, 제가 저를 한계에 가둬두면, 가둬두는 질
문이 나가거든요. 더 두렵고 떨리는 마음으로 제 자신을 관리해
나가는 것 같아요. 단순히 관리를 위한 관리가 아니라, 진짜 살
기 위해서 그렇게 합니다. 삶에 충만한 상태를 유지하기 위해서
는, 마음운동과 육체운동을 동시에 하지 않으면 어느 순간 드러
나거든요. 하루는 모르지만, 이틀, 일주일, 몇 달 지나면 다 아는
거죠. 글을 통해서도 다 드러나요. 어찌 보면 참 무섭고, 두렵고
떨리는 일입니다.

코치님과 이야기를 나누다보면 자주 하시는 말이 있어요. 바로 '살아있다'
라는 말입니다. 코치님은 '살아있다'라는 느낌을 중요시하는 듯해요. 사람
마다 '살아있다'는 게 다르게 정의되겠지만, 코치님에게선 "살아있는 느낌
을 가져야 한다"라는 절박함 같은 게 느껴지거든요. 그리고 살아있다는 느
낌을 받을 때 행복하신 것 같고요.

코치님들마다 스타일이 다르겠지만, 그게 코치님이 가지고 있는 코치로서
의 정체성 같습니다. 코치님한테 코칭을 받고 싶어 하는 사람은 그걸 느끼
고 싶어서 더 찾게 될 것 같거든요. 저도 코치님한테 처음 코칭을 받았을

땐 편안함 같은 걸 느꼈는데, 물론 지금도 그런 부분이 있지만, 지금은 오히려 '아, 나도 이 분을 통해 살아있음을 전달받고 싶다' 그 열망이 더 커졌거든요. 오히려 편안함만 계속 봤다면 코치님이 이야기하는 코칭이라는 것이 어느 순간 좀 식상해졌을 것 같아요. 사실 그건 코치가 아니라 아내를 통해서 받아도 되는 감정이니까요.

코치님 안에 있는, 성장을 향한 열망. 그 성장에 대한 열망을 다른 사람에게도 전달하고자 하는 열망이 타인에게 전달이 되고, 그것을 통해서 그들 역시 숨겨놓았던 '더 성장하고 더 크고 싶은 열망'이 확장되는 것. 사회적 억압이나 스스로의 고정관념을, 코치님을 만나면서 깨뜨려가는 과정이 즐겁다보니 사람들이 계속 코치님을 찾게 되지 않을까 싶네요. 실제로 코치님을 통해 코칭 받은 사람들이 페이스북에 남긴 피드백을 보면, 그런 부분을 다 동일하게 이야기하고 있더라고요. 그런 부분에선, 잘 살아있으신 게 아닐까 생각해봤습니다.

　감사합니다.

이어서 질문을 드리자면, 우리가 '코치'라는 말을 하는데 사실 그 앞에 '라이프'라는 게 숨어 있잖아요. 여기서 말하는 코치는 스포츠 코치가 아니라, '라이프 코치'를 말하는 것이고요. '라이프'라는 것은 단순하게 번역하자면 '삶'이라는 건데, 그렇다면 잘 산다는 건 뭘까요? 참 어려운 질문이죠?(웃음)

예전에 질문하신 '풍요로움'이라는 키워드와 연결된다고 봐요. 잘 산다는 것은, 지금 내가 온전히 커피를 마시고 온전히 작가님과 대화를 하는 것이죠. 제 가정으로 돌아가선 내 자녀를 만나서 저의 자녀와 함께 온전히 함께 있다면 그게 잘 사는 것일 테고요.

누구나 사람은 내면에 '가치 있게 살고 싶은 욕구'를 품고 살아요. 그 가치는 신비로운 건데, 사람마다 조금 다른 것 같고요. 사실 사회라는 것도 서로 다르기 때문에 돌아가는 거잖아요. 부부가 다르기 때문에 가정이 돌아가는 것이고요. 그 가치 때문에 실망하고, 또 화나고 안타깝고, 그렇게 계속 성장하는 것 같거든요. 저 역시 '살아있음, 열정, 공감' 이러한 가치들이 저를 계속 이끌어가고 있어요. 일종의 용광로 같은 에너지라고나 할까요. 예전에는 제가 누구를 도와주는 것이 돕는 것인 줄 알았어요. 물론 그것도 어느 정도까지는 돕는 거겠죠. 그런데 진짜 도와주는 건, 그가 자신이 가진 고유의 능력으로 가치 있게 저를 돕고, 더 나아가 세상을 돕게 하는 거예요. 사람이 진정으로 회복된다는 건 자기가 가치 있다고 느껴지는 상태인데, 그러기 위해선 일방적으로 도움만 받아선 안 되거든요.

저도 제 자녀를 도와주지만, 더 나아가 제 자녀가 저를 도와줄 때, 혹은 세상에 기여할 때 자녀 스스로도 자신이 가치 있다고 여기거든요. 사람들은 그러했을 때 '내가 잘 살고 있다, 가치 있게 살고 있다'라는 마음을 느껴요. 거기엔 재정적인 수입도 어느 정도 중요하겠죠. 어쨌거나 중심은 '내가 가치 있게 살고 있다'라는, 스스로의 깨달음입니다. 이게 정말 중요해요.

사람들은 보통 힘든 건 참지만 무의미한 건 못 참아요. 특히 요즘 젊은 분들은 더더욱 그렇죠. '와, 가치 있다'라는 판단이 들면 돈을 주고라도 하죠. 내가 의미 있게 세상에 기여할 수 있다면 자신을 던지게 돼요. 아들러는 그걸 두고 '공헌감'이라고 표현하는데, 공헌하고 있다면, 기여하고 있다면 잘 살고 있는 게 아닐까 싶습니다.

정리하자면, 코치님에게는 첫 번째로 '내가 있는 그곳에서 온전히 몰입할 수 있느냐'가 중요한 것 같아요. 그것이 기본적인 전제이고, 그 전제 아래 '내 안에 있는 잠재력' '재능'이나 '성품'을 가지고 나의 가치를 온전히 실현해가면서 상대방에게 공헌할 수 있는, 그러한 흐름이 코치님께 새겨져 있는 '삶의 가치관' 같네요. 이거 잘 정리가 된 건가요?(웃음)

예, 맞습니다.(웃음)

가만 보면 사람마다 자기가 몰입할 수 있는 장(場)이 있잖아요. 가령 저는 글을 쓸 때나 이렇게 인터뷰를 할 때 몰입할 수 있는 장이 마련되는 것이고 이것을 통해 저의 가치를 창출해내고 있는 셈이잖아요. 코치님은 코칭이라는 장속에서 '코칭'이라는 가치를 창출하고 있고요.

춤을
추고 싶은
그대에게

어찌 보면, 코칭이라는 것은 코칭을 받는 사람이 온전히 몰입할 수 있는 장을 발견할 수 있는 통로가 될 수 있겠네요.

예, 그렇습니다. 그래서 제가 오랫동안 해올 수 있었던 것 같아요. 심지어 때로는 이게 돈이 안 되더라도, 제가 오히려 돈을 주면서 해왔죠. 정말 저는 '항상' 이걸 해왔습니다. 앞으로도 이걸 할 거고요.

그렇죠. 형태는 달라질 수 있지만, '코칭'이라는 큰 물줄기는 계속해서 붙드시겠다는 거겠죠.

앞으로 제가 하려는 일도, 이걸 좀 더 확장해서 더 많은 사람들에게 영향을 미치고 싶다는 마음에서 비롯된 거예요. 지금 이걸 계속 하고 있을 뿐 아니라 앞으로도 계속 할 거니까요. 사실 저는 '코치'가 아니어도 상관이 없어요. 코치든 터치든, 바뀌어도 상관이 없어요. 할 수만 있다면, 가치 있게 기여할 수 있다면, 뭐든지 좋습니다.

예, 코치님이 기어코 지향하는 지향점 같은 게 느껴집니다.
이야기를 다시 좀 전으로 돌려보죠. 아까 "고객과 춤을 춘다"라는 표현을 하셨는데요. 이 표현이 굉장히 인상적이네요. 이걸 좀 더 설명해주세요.

흠. 먼저, 춤을 추려면 어느 정도 춤이 숙달이 되어야 하는데,

시작할 때 두려울 수 있겠죠. 저도 춤을 전문적으로 추는 사람은 아니지만 재미로 아내와 "딴딴딴" 하며 춤을 추려 할 때는 있어요. 제가 이끌지만 아내를 방해하지 않죠. 그런 춤을 추고 싶은 거예요. 제가 이끌기도 하지만, 제가 상대방에게 몸을 맡기기도 하고, 음악의 흐름에 몸을 집중시키는 겁니다. 춤을 출 때, 걱정하거나 다른 생각을 하는 건 어울리지 않잖아요.

춤에 빠져서 그 상태를 함께하는 것. 존재하는 것. 그래서 내 앞의 사람이 그 사람으로 존재하는 게 제 코칭의 핵심이에요. 그 존재가 그 순간에 몰입하고, 저는 코치로서 방해하지 않는 겁니다. 그 상태를 즐기며, 춤에 빠져 추는 거죠. 약간 머뭇머뭇하면 제가 이끌기도 하고, 그 사람만의 춤을 출 수 있도록 돕는 것. 그게 제 일이 아닐까요. 제가 도와주다가 좀 더 거리를 두고 스스로 춤을 출 수 있도록 하는 것이 "고객과 춤을 춘다"라는 게 아닐까 싶습니다.

태극권이나 유도를 보면, 상대의 힘에 저항하지 않거든요. 오히려 그 힘을 모으고, 힘을 통해서 움직이죠. 누군가 반복적으로 화를 내고 있는 게 있다면, 깊이 상처받은 게 있다면, 그게 다 에너지거든요. 그 사람이 굳이 화를 내고 고집하고 있다면, 그런 게 하나의 힘이라고 보거든요. 그게 그 사람이 가진 가치인 겁니다. 그걸 찾아내서 그것을 통해 힘을 쏟게 만드는 거죠.

그 전까진 그 힘을 가지고 자기를 부수는 데 썼거나 아니면 남을 부수는 데 썼다면, 그것을 가지고 세상에 공헌하는 데 쓰거나 가치 있게 쓸 수 있도록 힘을 전환시켜주는 것. 분노 에너지를 기여 에너지로 바꿔주고, 자녀에 대한 '사랑 에너지'를 '진짜 사랑이 전달될 수 있는 방식'으로 바꿔주는 거죠. 강한 게 부딪히면 둘 다 부서지잖아요.

좋습니다. 일단 '힘의 전환'이라는 표현은 인터뷰를 진행하면서 처음 나온 표현이거든요. 좋은 표현 같습니다.

사람마다 춤출 때 특유의 동작이 나오잖아요. 만약 몸치가 있다면, 그리고 사실 그 몸치라는 게 사회적 기준에 의한 것일 뿐, 그것은 그 사람에겐 춤일 테고요. 그랬을 때 그 몸치인 사람도 스스로의 춤을 아름답게 바라볼 수 있도록 하는 게 코칭의 역할일 수 있겠네요.

춤은 우선 자기만족이죠. 누구나 자기만의 춤이 있는데, 이 춤을 춤으로써 그 순간에 존재하고 그 순간을 즐거워하고 행복해하는 거죠. 그 다음에 이것을 사회적으로 어떻게 인정받고 가치 있게 다른 사람들에게 내놓을 것인가, 라는 과제가 남아요. 일단 자신만의 춤을 추면서, 그게 왜 즐거운지 느껴야겠죠. 존재감을 느끼게 되면 비록 못 추는 사람일지라도, 다른 사람이 추게끔 용기를 주는 사람이 될 수도 있고요. 잘 추는 사람은 잘 추는 사람으로서의 길이 있을 겁니다.

가령, 저는 기타를 가르쳐주는 게 힘들더라고요. 저는 기타 스트로크를 따로 배워본 적이 없어요. 그냥 음악을 들으면 자연스럽게 되었거든요. 그래서 아내한테 기타를 가르쳐줄 수가 없더라고요. 원래 기타 칠 때 '오른손을 내리고 올리고' 그런 식으로 배우잖아요. 저는 그게 그냥 자연스럽게 혼자 됐거든요. 그래서 저는 기타를 잘 가르쳐줄 수는 없었어요.

못 추는 사람은 못 추는 사람대로 못 추는 사람을 도울 수 있고, 잘 추는 사람은 잘 추는 사람대로 또 자기의 사명이 있고, 그런 게 아닐까 싶어요. 그런데 잘 추고 못 추고, 라는 것이 누군가의 비교로 만들어지기 때문에 비교 자체가 별 의미가 없죠. 가치라는 것은, 가격이라는 것은 사람마다 다르잖아요. 지금도 인터넷을 보면 똑같은 물건인데도 가격이 다르고, 시기에 따라 달라지죠. 가격이라는 게 생각보다 감성적이거든요. 자기 자신으로 존재하고, 그대로를 춤출 수 있도록 살아갈 수 있도록 돕는 게 먼저에요.

"춤에 빠져서 그 상태를 함께하는 것, 존재하는 것.
그래서 내 앞의 사람이 '그 사람'으로 존재하는 게
제 코칭의 핵심이에요.
그 존재가 그 순간에 몰입할 때,
저는 코치로서 방해하지 않는 겁니다.
그 상태를 즐기며, 춤에 빠져 추는 거죠.
약간 머뭇머뭇하면 제가 이끌기도 하고,
그 사람만의 춤을 출 수 있도록 돕는 것.
그게 제 일이 아닐까요."

좋습니다. 마지막 질문을 드릴게요. 코치님이 기타를 가르칠 수 없는 건 타고났기 때문이잖아요. 그러나 감정이라는 건 촘촘하게 경험을 했기에 그걸 짚어줄 수 있는 거겠죠. 쉽게 말하면 매뉴얼을 제공할 수 있는 거겠죠?

예, 그런 셈이에요.

사람마다 가지고 있는 그 촘촘함, 촘촘해서 힘들 수 있지만 그것을 통해서 기여가 가능한 부분들을 발견할 수 있도록 돕는 것. 그것이 코칭일 수 있겠네요. 그렇게 제가 한 번 정의해봤습니다.

정진 코치에 대하여…
최미아(직장인)

　　2009년 한국에서 열린 선교사 자녀 수련회에서 정진 코치님을 만났습니다. 코치님이 두 시간동안 강의를 하셨는데, 그 시간들은 제 삶에 있어서 가장 중요한 순간들 중 하나가 되었습니다.

　　저는 선교사였던 부모님을 따라 초등학생 때부터 타국으로 옮겨 다니며 지내야 했습니다. 제가 선택할 수 있는 삶의 폭은 넓지 않았고, 안정적이지 않았던 형편 탓에 어린 나이부터 '한계'라는 것을 실감하며 살아야 했습니다. 게다가 아버지의 건강이 악화되어 학교도 중퇴한 채 한국에 나와 검정고시를 준비하며 지내야 했습니다. 꿈이란 단어 역시 제 머릿속에 없었습니다. 하지만 코치님은 그런 저에게 한계를 스스로 규정해버리고 포기하는 것이 얼마나 무의미하고 불필요한 것인지를 깨닫게 해주셨습니다. 꿈이란 단어가 가지고 있는 긍정의 힘을 알게 하여 주셨습니다. 내가 '무한한 가능성을 품고 있는 존재'라고 응원해 주시며 희망을 품을 수 있게 도와주셨습니다.

코칭이란 것이 처음엔 제게 참으로 생소하였습니다. 제가 경험하고 느낀 코칭이란, '문제와 어려움이 있을 때 답을 알려주고 아픔을 잊게 해주는 진통제가 아니라, 꿈과 가능성이란 희망의 기운을 북돋아주고 스스로 이겨낼 수 있는 면역력을 공급해주는 비타민'인 것 같습니다. 지금 저는 미국에서 공부할 수 있는 기회가 생겨서 'accounting(회계학)'을 전공으로 대학교에 재학 중이며, 그 분야의 회사에서 열심히 배워나가고 있습니다.

10년이란 세월 동안 힘든 일도 많이 있었고 포기하고 싶었던 적도 많이 있었습니다. 그렇지만 코칭 때 배웠던 일상속의 행복을 되새기며 지금도 열심히 나아가고 있는 중입니다. 거대한 삶의 목표와 꿈이 있는 건 아니지만, 저의 자그마한 소망이 있다면 정진 코치님께서 저에게 도움이 되어주셨던 것과 같이 예전의 저처럼 막막한 현실에 주저앉은 친구들에게 조금이나마 희망이 되고 도움이 되는 것입니다.

10년이란 세월이 지났지만, 정진 코치님은 저에게 멘토이자 친구이며 항상 힘이 되어 주시는 분입니다.

Chapter. 11

이탈이 필요한
그대에게

"우린 곧 죽는다! 오늘을 값지게 보내자!"

_ 정진

오늘은 드라마 〈스카이캐슬〉 이야기를 하고 싶습니다. 최근 페이스북에 코치님이 쓰신 장문의 글을 보며 더욱 〈스카이캐슬〉 이야기를 하고 싶더라고요. 사실 전 드라마를 안 보는 편인데, 〈스카이캐슬〉에는 푸욱 빠져버렸습니다. 아내가 저의 이런 모습을 신기해 할 정도에요.

저는 〈스카이캐슬〉에 등장하는 고3과 크게 다르지 않은 수험생활을 보냈거든요. 고3 때 모의고사를 22번이나 봤으니까요. 평일 야간자율학습은 기본적으로 밤 10시에 끝났고요. 흔히 말하는 '야자'가 끝나면 바로 학원으로 이동해서 집에 오면 새벽 1시가 기본이었습니다. 토요일은 오전엔 수업, 오후에는 '수리영역'을 1회씩 풀었고요. 고3은 축제 참석을 안 하고, 모의고사를 볼 정도였습니다. 시끄러운 환경에 대비해야 한다는 게 학교 측의 명분이었죠. 모의고사를 볼 때면 서로 다른 반끼리 섞어서 보기도 하고, 하여간 수능에 미친 학교였습니다.

당시 고등학교 선생님 중에서 "너의 꿈은 뭐냐"라고 묻는 분은 단 한 명도 없었어요. 내신관리, 수능에 대한 이야기만 하셨으니까요. 진학률은 정말 좋았어요. 저는 그 당시엔 그게 맞다고 생각을 했죠. 그래도 〈스카이캐슬〉과의 차이가 있다면, 제가 살았던 지역인 일산은 드라마에 등장하는 인물들과 경제적인 수준에서 차이가 있었죠. 일산 지역은 훨씬 소박하다고나 할까.

코치님이 청소년들을 코칭 하면서 경험한 입시의 용광로 혹은 그와 유사한 상황이 있었을 것 같습니다. 〈스카이캐슬〉을 보면서 밀려온 코치로서의 느낌이 궁금합니다.

실은 제가 이 부분에 대해서 굉장히 조심스럽기는 해요. 최근, 어떤 분께서 그런 사례들을 자세히 알려달라고 연락이 왔지만 일절 거절했거든요. 혹시나, 제가 코칭 했던 학생이나 학생의 어머님 입장은 저와 다를 수 있잖아요. 제가 페북에 올린 글들에 등장하는 인물도 다 익명이고 오래된 이야기지만, 여전히 SNS 등에 사례를 올리는 일은 아주 조심스럽긴 합니다.

주신 질문에 답을 해보면. 저도 예전에는 좋은 학력을 가지기 위해 달려가는 것에 대해 거부감만 있었어요. 다만 요즘 들어서 좋은 학력을 가진 훌륭한 분들을 많이 만나거든요. 미국 육군에는 "어떤 바보든 그곳에 들어갔다가 나오면 리더십을 갖추게 된다"는 말도 있더라고요. 미군 육군에 비유하자면, 입시라는 통로를 통해 누구든 치열하게 노력하게 될 테고, 결국 어떤 수준에 도달한 사람이 되어서 나오는 면도 있는 것 같아요.

좋은 학력을 가진 분들이 힘든 시기를 겪으며, 그 상황이 진저리가 나더라도, 그 시기를 통해서 배우는 기본적인 태도들이 있잖아요. 그 시기들을 힘들더라도 이겨내는 거죠. 그렇게 몸에 배인 습관들이 참 훌륭하다는 생각이 들더라고요. 오히려 그러한 태도는, 선한 꿈을 가진 이들이, 이 세상을 바꾸겠다고 노력하는 분들이 더 많이 배우고 익혀야 하는 부분이 아닌가 싶었어요. 그래서 예전엔 좋은 학력을 위해 노력하는 것들에 대해서 '잘못 됐어' 그렇게만 생각했다면 이제는 끊임없이 반복되는 루틴들, 마치 군인들이 눈 감고도 총을 조립하듯 그런 루틴들을 경험해오며 한계들을 넘어왔다는 점을 새롭게 보게 돼요. 그런 점들을 봤을 때 좋은 학력을 가졌다는 부분에 대해서 가치 있게 평가하고 싶은 거죠.

그런데 다만 그 수많은 루틴들 속에 꿈이 없었던 거잖아요. '(그것을) 왜 하는지'는 빠졌던 거죠. 그 안에 인간으로서의 가치, 꿈이나 목표, 이런 게 빠져 있었기 때문에 그 비극이 일어나지 않았나 싶어요. 억지로 해야 하고, 어렸을 때부터 다 잃은 상태로 그것만 해왔으니 아픔이 일어난 셈이죠.

드라마 〈스카이캐슬〉에 등장하는 몇몇 학생들처럼, 긴급한 상황에 처한 사람을 종종 만나실 텐데요.

긴급한 상황에 처한 학생들을 만나면 간신히 숨만 이어간다는 느낌만 받게 돼요. 지쳐 있고 힘이 빠져 있고, 나무로 비유하면 건강하게 뿌리를 내리지 못한 거죠. 밖에서 보기엔 열매를 맺은 거 같아도, 실제론 뿌리도 얕고. 그래서 처음에는 건강을 찾고, 뿌리부터 다시 잘 내리도록 도움을 줍니다. 응급 상황이기 때문에, 일단 어떻게든 살려놓으려고 노력하고요. 나는 누구인지? 내가 진정 원하는 것은 무엇인지 깨닫도록 돕습니다.

어떤 청소년들은 정말 "부모님을 죽이고 싶다"고 감정적으로 말하기도 해요. 저도 그런 말을 들을 때마다 충격적이에요. 어떤 아이는 정말 부모에게 너무 화가 나서 당장 실행을 할 것 같거든요. 그런데 알고 보면 저한테라도 이야기함으로써 마음을 풀려는 거죠. 많은 학생들을 코칭해 보니 이런 감정들을 표현 안 하고, 괜찮은 척하는 것이 나중에 더 무섭더라고요. 이야기하고 울고 힘들어하고, 같이 토로하고 공감하면서 풀어나가야 해요. 이 상황에서 본인이 버텨내야 한다는 걸 본인도 알아요. 가령, 자퇴만 한다고 모든 문제가 해결되는 것도 아니라는 것을요. 사실 아무 계획 없이 자퇴하는 게 더 어려운 일이거든요.

아이들 스스로도 자퇴하고 싶지만 막상 자퇴하면, 하루 종일 뭐 할까?가 고민이에요. 결국엔 학교에 다닙니다. 학교를 다니면서 이 학창시절을 버텨야 하니, 어떻게 버텨낼지 그것이 고민이겠죠. 이 친구들을 보면 안타까워요. 학창시절을 오로지 '견뎌내야 하는 시간'으로 보내야 하니까요.

저는 이런 힘들어하는 친구들을 막상 만나면 '왜 이 귀한 아이들이 전쟁 같은 삶을 살아야 할까?' 같은 생각을 할 여유가 없을 때도 많아요. 물에 빠진 사람은 당장 구조하기 바쁜 것처럼, 아이들을 상대하기 바쁠 때가 많습니다.

입시란 전쟁터에 속해 있는 아이들이 주말에라도 제대로 휴식을 취하도록 도와요. 주말에 잠시라도 진정 쉴 수 있도록 이야기를 나눕니다. 자기가 하고 싶은 것들을 잠시라도 하는 거예요. 기타도 치고, 피아노도 치고, 그림도 그리고. 조금은 생각 없이 늘어져있고, 그리고 다시 입시 전쟁터로 들어가게 도와요. 학생들이 쉬지 못하고, 계속 참고 참다보면 부정적인 감정이 축적됩니다. 그리고는 결국 그 화살이 부모한테 가거든요. 이 입시라는 전쟁터에서 부모만 탓할 수 있는 건 아니에요. 공부를 강요하는 부모만 탓한다? 물론 부모도 잘못이 있지만, 사회적 노력이 같이 뒤따라야 해요.

결국, 아이들이 망가지면 가정도 다 무너져 버리거든요.

"그 수많은 루틴들 속에 꿈이 없었던 거잖아요.
'(그것을) 왜 하는지'는 빠졌던 거죠.
그 안에 인간으로서의 가치, 꿈이나 목표,
이런 게 빠져 있었기 때문에
그 비극이 일어나지 않았나 싶어요.
억지로 해야 하고, 어렸을 때부터 다 잃은 상태로
그것만 해왔으니 아픔이 일어난 셈이죠."

그렇군요…

다시 〈스카이캐슬〉 이야기를 좀 해보고 싶어요. 〈스카이캐슬〉에 등장하는 배우 이태란 같은 경우는 아마도 좋은 코치라고 볼 수 있겠죠?

우주 엄마로 등장하는 이태란 같은 경우는 참 대단한 거죠. 그런 철학을 가지고 자녀를 키우면서도, 아이가 그런 결과(좋은 성적)까지 낸다는 건, 남들이 보기엔 시기 받을 만도 해요. 한편으로 저는 어떻게 그런 철학이 갖춰졌는지가 궁금하더라고요. 그러한 철학을 품고 실행하고 그러한 결과를 맺으려면 어느 정도 사회와 분리되어야 하지 않을까요? 일종의 외로움 혹은 홀로 있음을 즐겨야 하죠. 불안함을 넘을 수 있는 확신이나 철학이 필요합니다. 자녀들에게 물려줘야 하는 게 그러한 확신이나 철학이라고 생각합니다. 부모가 불안하고 외롭고 힘들어하면 그게 다 자녀들한테 가는 거죠. 자녀의 세상은 엄마의 얼굴이란 말도 있을 정도니까요.

저도 제 자녀에게 물려줄 수 있는 건 신념, 세계관, 철학이라고 보거든요. 이태란 같은 경우는 정말 훌륭하지만, 그렇게 된다는 건 정말 어려운 일이죠.

한편으론, 결국 자존감이 중요해 보여요. 〈스카이캐슬〉에 등장하는 아빠들이 다 엘리트들이잖아요. 그런데도 자녀의 입시를 통해 자신의 자존감을 세우려한다는 느낌이 들어요. 가령, 차 교수의 경우 하버드대에 다니는 딸을 통해 자신의 삶을 쌓아가려 하잖아요. 뭐 결국 그것 역시 거짓임이 들통나지만…

비교라는 사다리에 올라가는 순간, 벗어날 수 없어요. 올라가던지 내려가던지 그것이 전부가 되죠, 그런 기준의 사다리 속의 삶에서는 위를 보면 열등감을 느끼고 밑을 보면 교만하게 됩니다. 그 사다리를 벗어나서 삶을 바라볼 수 있는 철학과 세계관을 가질 수 있느냐, 그게 아주 중요하다고 생각해요. **우리가** 보고 느끼는 이게 전부가 아니라는 것을 알아야 하죠. 다시 사다리에 올라야 하기도 하지만 그게 전부가 아니라는 걸 안다는 건 아주 중요해요.

내 눈앞에 있는 현실이지만, 그 안에서만 있지 않을 수 있는, 그 자존감을 갖추는 건 정말 어렵죠. 혼자서 될 순 없다고 생각합니다. 그것은 친구, 부모, 스승, 공부, 공동체 등등 여러 요소를 통해 가능하다고 봐요. 아니면 순식간에 거대한 폭풍 속에 휩쓸려 버리죠. 그걸 두고 "모두 부모의 잘못이다"라고 하는 건 무리가 있다고 봅니다.

어찌 보면 다람쥐 쳇바퀴 돌듯이, 자기가 세계 최고가 되지 않는 이상, 나보다 높은 사람을 바라볼 수밖에 없는 게 본능 같아요. 한편으로는, 대한민국을 살아가는 사람들의 숙명 같기도 합니다.

그러한 분위기 속에 큰 아이들은 '성공하려고' 노력하죠. 가령, 〈스카이캐슬〉에서 하버드를 택한 아이는 부모의 행복을 위해 거 짓말을 택한 거죠. 계속 뭔가 밑 빠진 독에 치열하게 물을 붓고 노력하지만 결국엔 만족하지 못하는 부모를 보는 자녀는 그 부 모를 죽이고 싶은 마음까지도 드는 거죠. 혹은 본인이 죽거나.

사실 다 서로 사랑해서 시작되는 일이거든요. 사랑이라는 이 름 아래 자기의 욕구를 채우는 겁니다. 그렇게 하고 나서는 그 한을, 내가 부모님께 못 채워드린 그 한을, 피라미드까지 세워가 며 자식에게 다 투영하는 거죠. 〈스카이캐슬〉이 그런 묘사를 한 것 같아요.

방금 하신 이야기를 저한테 대입해보자면, 보통 누구나 부모의 죽음을 떠 올리잖아요. 저도 종종 그러는 편인데, 아버지가 돌아가시면 왠지 슬픔과 동시에 죄송함이 밀려올 것 같아요. 제 안에 뭔가, 아버지가 그런 기대를 건 게 아닌데도 무언가 보답을 해야 한다는 부담감 같은 게 늘 있어요. 하지만 코치님이 방금 말씀하신 것처럼, 답은 나와 있네요.

저희 집 첫째를 봐도 그렇거든요. 첫째들은 사랑도 많이 받지만, 많이 혼나 죠. 벌써부터 저희 첫째가 아내에게 뭔가 기쁨을 주기 위해 행동하는 것처 럼 보일 때, 저도 아내도 전혀 기쁘지 않더라고요. 그랬을 때, 그런 부분들 은 참 쉽지 않다는 생각이 들어요.

그렇다면, 조금 영역을 옮겨서 이야기를 넓혀보고 싶네요. 코치님의 코칭 대상이 과거랑은 조금 달라졌잖아요. 코치님은 코치님이 만나는 CEO들이 가지고 있는 박탈감 같은 걸 종종 보시겠죠. 박탈감을 다르게 표현하자면, 낮은 자존감일 수도 있고요. 그런 부분들은 어떻게 접근하시는 편인가요?

이 분들도 동일한 것 같아요. 우리나라 같은 경우는, 많은 사업의 영역들을 재벌 2.3세들이 장악하고 있다고 하더라고요. 그들은 사업의 시작점부터 다르고, 일단 안 될 수 없는 상황들을 가지고 있잖아요. 혼자 힘으로 노력하시는 분들은 박탈감을 느낄 수밖에 없죠.

가령, 테슬라 같은 경우는 비전을 제시하며 돈을 끌어오고, 그 돈으로 무언가를 만들잖아요. 돈이 또 다른 돈을 만들어내는 셈이에요. 그 돈이란 게 '원래 있는 사람'에게만 갔을 때 느끼는 박탈감 같은 게 있죠. 기업 입장에서도 돈이 돌아야 그 돈으로 무언가를 만들어내는데, 돈이 한곳으로만 모이는 겁니다. '아, 돈만 있으면…' 나는 리어카를 끌고 가는데, 상대방은 스포츠카를 몰고 간다고 느껴질 때는 박탈감을 느끼게 될 겁니다.

결국엔 이 비교의 사다리에서 의식적으로 벗어나 새로운 관점으로 보게 하는 것이 저의 역할 같아요. 많은 코칭 주제 중 저의 삶을 바꾸게 해준 것이 '죽음'이란 주제거든요.

그분들도 하나같이 외로운 겁니다. 괜히 사업을 진행하며 다른 사람들에게 약점 잡힐 수도 있으니 힘든 말을 털어놓을 대상도 없고요. 저는 그분들을 코칭하며 스스로 죽음의 순간을 생각하게 돕습니다.

어떻게 죽음을 생각하게 하나요?

질문을 던집니다. "만약 이러다 내가 당장 죽으면, 돈? 회사가 무슨 소용인가?" 스스로가 직면할 수 있도록 하는 거죠. '내가 내일 죽는다면?' 이런 질문들을 던져서 스스로가 정말 중요한 것들을 깨닫게 합니다.

코칭을 진행하는 한분 한분 모두 가진 것도 이룬 것도 많은, 대단하신 분들이에요. 단지 비교에 의해서 스스로 기준도 높아지고, 끊임없이 해야 할 목표들이 생겨서 힘든 거죠. 이게 정도의 차이일 뿐, 우리 모두 겪고 있는 상황이에요. '내가 이렇게 아파서 당장 내일 죽으면 이게 무슨 소용일까. 돈이 무슨 소용이야. 내가 이러다가 죽는데. 기업을 더 키우는 것도 무슨 소용이야.' 이런 자각이 오면 좀 더 스스로를 사랑하게 되고, '내가 이걸 정말 왜 하는지' 그런 근본적인 가치들을 생각하게 합니다.

어떤 분들은 기존에 하던 일로부터 이탈할 수 있도록 도와야 해요. '이게 전부가 아니다'라는 인식을 하고 나면 내가 치열하게 몰입하고 있는 일이 나와 분리가 되거든요. 냉정히 따져보면 이건 내가 운영하는 회사일 뿐, '나'는 아니잖아요. 일도 공부도 마찬가지죠. 이러다가 아파서 죽는데 다 무슨 소용이에요. 분리하고 나서 생기는 에너지로 다시 몰입하는 거죠. 일과 나를 잠시 분리해서 나를 사랑할 수 있도록 합니다. 그러면 에너지가 생기고 다시 직원들과도 더 좋아지고, 결국 성과도 좋아지는 거죠.

플랜B를 가졌을 때, 오히려 플랜A에 집중할 수 있어요. 플랜B를 짜 놓으면, 이게 인생의 전부가 아니니까 좀 더 여유를 가지고 플랜 A에 집중할 수 있어요. 그게 전부라면, 가령 '이 남자가 아니면, 이 대학이 아니면, 난 끝이야!' 이런 식의 생각을 하게 되죠. 〈스카이캐슬〉에 등장하는 예서를 상대하는 예서의 엄마를 보세요. 예서 짜증을 다 받아주고 그 앞에서 벌벌벌 떨잖아요. 서울대 아니면 안 되니까 그렇죠.

결국 우리는 죽잖아요. 그 사실을 받아들이고, 나중에는 이 세상과 헤어질 텐데 그렇다면 지금 '이 현재를 어떻게 잘 살아가야 할까'를 좀 더 생각할 수 있게 돕는 거죠. 그랬을 때 비로소, 여기서만 사는 한계를 넘어설 수 있는 근력이 생기거든요. 〈스카이캐슬〉에 등장하는 이태란처럼. 다른 사람들과 달리 살 수 있는 힘이 생기는 거예요.

자신의 삶에서 밖으로 나올 수 있도록 돕는 것은 긍정적인 의미에서의 이탈로 보입니다. 자기가 완전 미쳐있는 곳으로부터 자신을 분리할 수 있는 거겠죠. 퇴사든 졸업이든 내가 몰두하던 커뮤니티를 한 번 벗어나고 나면, '내가 몰두하던 그것이 생각보다 별 게 아니고, 내 인생의 전부가 아니었구나'라는 자각을 하게 되는 것 같아요.

그래서, 이탈할 수 있도록 돕는 게 코치로서의 중요한 역할로 보입니다. 그런 CEO들 입장에선 코치님과의 만남이 '생명수'를 만나는 것 같은 느낌일 듯해요. 이런 표현은 코치님에겐 좀 민망할 수 있겠지만.(웃음)

꽹장히 민망하네요.(웃음) 반대로 저는 그 분들을 뵈면, 정신이 번쩍 나요. 제가 오히려 에너지를 얻고 옵니다. 도전도 많이 받고요. 이 분들은 이미 한계를 수없이 넘어왔거든요.

제가 코칭 하는 분 중에 기타리스트 한분이 있는데, 세상의 인정, 돈 등등 그 어떤 것들보다 음악을 사랑하는 분이에요. 그 분은 조회 수를 신경 쓴다거나, 유행을 따라간다거나, 그런 것과 상관없이 음악을 정말로 사랑해요. 그래서 저는 그냥 그 분을 만나는 것만으로도, 힐링이 되요. 물론 그 분 역시 저로 인해서 힘을 얻는 것 같습니다.(웃음)

"어떤 분들은 기존의 하던 일로부터
이탈 할 수 있도록 도와야 해요.
'이게 전부가 아니다'라는 인식을 하고 나면
내가 치열하게 몰입하고 있는 일이
나와 분리가 되거든요."

저로선 코치님의 코치로서의 태도를 보게 되거든요. 코치님은 단순히 그들을 기업 CEO로 바라보는 게 아니라, 그분들로부터 매번 에너지를 받으신다는 느낌입니다. 한편, 그들의 치열한 삶에 대한 존중감을 품고 계시는듯해요. 또한 그러한 태도가 전제되어야 CEO들 역시 코칭을 받게 되는 것 같고요.

돌려 말했지만, 코치님에 대한 칭찬입니다.(웃음)

감사합니다.(웃음) 실제로 그 분들 입장에서, 제가 그분들에게 "이렇게 해라 저렇게 해라" 이러면 얼마나 우스울까요. 그렇게 말하면 "네가 (실제로) 해봐!" 그런 말이 나올 거예요. 그냥 밖에서 훈수 두는 구경꾼이랑, 전쟁터에서 실제로 전쟁하고 있는 사람은 다르거든요. 수 년 전 엄청나게 인기를 끌었던 미국 드라마 〈밴드 오브 브라더스〉를 보면, 중간에 대위 한 명이 나와요. 다들 겁내면서 아무것도 못할 때 본인이 뛰어들어서 적군 한 군데를 뚫고 들어갔다가 다시 돌아와요. 아직 못 보셨다면 그 장면을 꼭 보셨으면 해요. 물론, 그 사람이 영화 후반부에 보면 그렇게 좋은 사람으로 나오진 않지만요.

아무튼, 그 리더십과 자신감과 실력은 말로 할 수 있는 게 아닌 거죠.

예, 꼭 한 번 챙겨보겠습니다.

어느덧 마지막 질문입니다. 코치님이 CEO들을 만날 때, 코치님한테는 그들이 클라이언트인 거잖아요. 그분들은 가시적인 효과를 누리고 싶을 테니, 코치와 CEO들 사이에 자연스럽게 긴장감이 발생할 것 같아요. 코치님이 그들을 단지 존경만하고 해선 안 될 테고, 반대로 코치님이 그들에게 훈수를 둬서도 안 될 테고… 건강한 긴장관계를 어떻게 유지해가시나요?

이게 어떻게 보면 좀 운명 같다는 생각이 들어요. 관계라는 게, 노력한다고 되는 건 아니거든요. 시기도 적절하게 맞아야 하고. 코칭의 소중함을 아는 사람이 코칭을 하게 되는 거죠. 소중한 걸 알려고 하면, 한계 속에서 자기가 누군지 발견해야 해요. 그러다 보면 자기가 부족한 게 뭔지 알게 되거든요. 결국, 그 부족한 걸 채우기 위해 저를 고용한 거죠.

서로의 위치 속에서 싸움을 할 필요가 없어요. 다만, 만약 제가 전쟁터에서 싸우는 감각이 없으면, '단지 구경꾼으로서 말을 하는 사람'이 될 수도 있겠다는 생각이 들어요. 예전에 컨설턴트들의 시대가 있었잖아요. 전문가들의 시대였죠. 요즘에는 그 컨설턴트의 시대가 저물었거든요. 아무래도 이제는 누구도 정해진 정답을 줄 수 없고, 세상은 하루하루가 다르고 바뀌기 때문이에요. 저도 현장에 뛰어들어 살고 있고, 그곳이 치열함을 알기에 겸손하게 코칭 하려고 발버둥치는 거죠.

만약 제가 현장에 없다면 저의 코칭은 말뿐인 코칭이 될 수도 있어요. 보통 리더가 두려움을 느끼면 자신은 뒤로 빠지고 부하들을 내보내게 되거든요. 성경에 나오는 이스라엘 초대왕인 사울을 보면, 자기가 두려워지니 다윗을 내보내잖아요. 다윗도 왕이 된 후 본인은 왕궁에 머무르며 다른 부하를 내보내다가 끔찍한 범죄를 저지르죠.

결국 현장에서의 현장감을 잃어버렸을 때, 현장으로 더 이상 나가지 않으려는 나태함과 두려움들로 가득 찼을 때, 문제가 발생하는 것이 아닐까요? 저도 아침마다 두려움을 느껴요. 난 좀 뒤로 빠지고, 누군가로 하여금 그것을 하게 하려는 유혹도 느끼죠. '난 그럴 위치가 아니야. 난 그래도 대표니까'라는 식으로 합리화하는 거예요. 두려움이 밀려올 땐 내가 그걸 뚫고 이겨내며 직시해야 해요. 아까 말한 그 대위처럼 전쟁터로 뛰어들 수 있는 그 감각이 중요한 거죠. 그래야 제가 코칭으로 만나는 사람들이 깨어있을 수 있도록 도울 수 있어요. 물론, 계속 나를 깨우고, 정신 차린다는 것은 너무나 어려운 일입니다.

자꾸 조언을 하면 코칭이 아니기 때문에, 나는 어쩌면 구경꾼의 위치라는 것을, 그 현장으로 들어가면 전혀 다를 거라는 것을 자각하면서 있어야 해요.

Chapter. 12

자신의 가능성을
믿고 걷는
그대에게

"일단 발을 내딛어 걸음을 옮기고,
걸어가면서 경로를 수정하라"

_ 배리 딜러, 기업가

오늘 질문은 지금까지의 인터뷰를 토대로 종합적인 질문을 드리려고 합니다. 지금까지의 인터뷰를 다시 보니, 결국 코칭의 본질은 한 사람을 대하는 자세에 관한 것이다, 라는 생각을 했거든요. 저의 생각에 대한 코치님의 생각을 듣고 싶었습니다.

저보다 더 잘 표현해주신 것 같아서, 제가 어떻게 더…(웃음) 뭐랄까, 제 표현대로 하자면 인생을 대하는 자세, 좀 넓게 보면 세계관일 수도 있고, 인간을 바라보는 관점일 수도 있고, 삶을 대하는 태도일 수도 있겠네요. 방금 표현해주신 것도 아주 좋습니다.

삶을 대하는 태도는 뭔가요?

다른 사람을 보기 전에 '내 삶을 어떻게 대하느냐'가 그대로 다른 사람에 대한 자세로 이어진다고 생각하거든요. 파란 안경을 쓰면 당연히 나를 파란색으로 바라보고, 상대방 역시 파란색으로 바라보게 되잖아요. 누구나 그 생각의 틀 안에서 벗어날 수가 없는데, 결국엔 그 생각의 틀을 얼마나 확장하느냐가 중요해요. 결국 '나를 어떻게 바라보느냐'가 '상대방을 어떻게 바라보느냐'로 이어지는 거죠.

부모의 자존감의 수치가 정확히 자녀의 자존감의 수치와 일치한다는 연구결과가 있어요. 그래서 자기 자녀의 자존감을 높이기 위해서는, 부모 자신이 스스로의 자존감을 높이는 게 답입니

자신의 가능성을
믿고 걷는
그대에게

다. 그건 어찌 보면 무서운 일이에요. 자존감이 성적, 관계, 리더십 등등 모든 것에 영향을 미치고 심지어 왕따를 하느냐 당하느냐, 까지 영향을 미칩니다. 연구 결과에 의하면 자존감이 높은 아이들은 왕따를 잘 하지도 않고 잘 당하지도 않는다고 합니다. 부모 스스로가 자기 인생의 자존감을 높이면, 그것을 보고 그냥 자녀는 자존감이 높아져요. 부모가 말하는 방식, 부모의 사고방식, 그 모든 것이 자녀들에게 그대로 전해지게 되죠.

내가 누군가를 도와줄 때도 보통 남을 도와준다고 생각한다고 하지만, 결국 나를 그렇게 대하고 있는 거죠. 나를 그대로 사랑할 수 있는 사람은 남을 그대로 사랑할 수 있지 않을까요. 지금 이대로를 사랑할 수 있는 사람이 그냥 그 사랑을 가지고 상대방을 지금 그대로 대할 수 있는 거겠죠. 내 삶을, 내 존재를 있는 그대로 인정하고 받아들일 수 있는 사람이 다른 사람도 사랑할 수 있는 겁니다.

부모가 아이에게 오히려 좀 덜 집착하고, 내가 좋아하고 잘하는 것들을 한 걸음씩 해나가면서 성취해가면, 그것을 보고 자녀는 자신의 인생을 그렇게 한 걸음씩, 성장시켜가야 함을 느끼는 거죠. 말로 '이렇게 해라, 저렇게 해라' 그렇게 하면 스스로를 '누군가의 통제를 받아야 하는 사람'으로 느끼게 되거든요. 마치 '내가 도와주지 않으면, 안 될 아이'라는 눈으로 자녀를 바라보니까 문제가 생겨요. 자녀가 집에서 가만히 누워있는 꼴을 못 보는 부모가 많거든요. 자녀 입장에선 하루 종일 공부하고 집에선 잠깐 누워있는 건데 부모가 자신을 그렇게 바라보면 괴로운 거죠. 부모가 자녀를 '스스로 할 수 있는 존재', '놀라운 존재', 그렇게 기대감을 가지고 바라봐야 해요. 나도 나를 못 믿고 스스로를 한심하게 바라보는 사람은 자녀도 그렇게 바라볼 수밖에 없죠.

이전에 나눈 이야기와도 연결되네요. 코치님은 부모와 자녀간의 관계를 비유로 드셨지만, 이건 코치와 코칭을 받는 사람 사이의 관계와 똑같다고 봐요. 결국 '코치가 스스로를 바라보는 자세'가 '코칭 받는 사람을 바라보는 자세'로 연결될 수밖에 없으니까요. 전에 이야기 나눈 것처럼, 나 자신을 잘 관리하고 나 자신이 중심을 딱 잡고 있는 것이 코치로서의 핵심 자질이지 않을까 싶어요. 그건 단순히 코칭 속의 관계가 아니라, 세상 속에서의 관계에도 적용되는 부분이겠죠.

더불어 코칭에 있어 수많은 기술적 차원도 있을 것 같아요. 일단 코치님이 말씀하신 걸 토대로 코칭의 핵심 동사 세 가지를 꼽자면 듣고, 묻고, 기다리는 것. 그 세 가지가 아닐까 싶습니다. 코치님의 생각은 어떠신가요?

표현을 아주 잘 해주셨어요.(웃음)

보통 농사를 지을 때, 자연의 힘을 믿잖아요. 눈에 보이지 않지만 씨앗을 심고 물을 주고 영양분을 주며 기다리죠. 싹이 삐뚤게 나가면 가지를 받쳐주고요. 그러나 씨앗 안에 있는 열매를 억지로 끄집어낼 수 없잖아요. 코칭은 그것과 비슷해요. 억지로, 내 맘대로 내가 맺고 싶은 열매를 상대방에게서 끄집어낼 수 없거든요.

게다가 그게 무슨 열매인지 저도 모르고요. 70억 인구 모두 70억 개의 다른 열매가 맺어진다고 본다면, 제가 하는 일은 듣고 질문하고 자극을 주는 일입니다. 무슨 열매가 맺힐지는 저도 알 수 없죠. 그저 제가 하는 일은 상대방에게 영양분이 없을 때 영양분을 주는 일이에요. 환경을 만들어주고 자랄 수 있도록 물을 주는 셈이죠.

스스로 자라날 수 있도록 기다려야 합니다. 무슨 열매가 어떻게 맺어질지 정말 아무도 몰라요. 다만 자기 열매를 맺어간다는 것만 알 수 있을 뿐이에요. 처음에는 자기 열매가 무엇인지 자기도 몰라요. 대체 왜 이렇게 사는지, 남들은 다 사과 열매를 맺고 있는데 난 포도를 맺고 있어서 좌절하기도 하죠. 그런데 포도가 얼마나 귀하나요. 포도를 정말 잘 맺기만 하면, 그 자체로 엄청난 가치가 있잖아요.

이렇듯 농사에 비유하자면, 상대방을 기다려줄 수 있는 것, 자연의 원리에 따라 인간의 가능성을 믿는 것이 중요합니다. 그런데 여기에 제 판단이 들어가서 '그래도 사과나무를 맺어야 해' 이런 생각이 들어가면, 서로 괴로운 거죠. 그래서 상대도 존재대로 열매를 맺지 못하고, 저도 만족이 떨어지게 되는 거죠. 중심을 잡아야 합니다. 어찌 보면, 자연의 원리를 믿는 믿음이에요. 혹은 숱한 경험 속에 생겨난 믿음일 수도 있고요.

"보통 농사를 지을 때, 자연의 힘을 믿잖아요.
눈에 보이지 않지만 씨앗을 심고 물을 주고
영양분을 주며 기다리죠.
싹이 삐뚤게 나가면 가지를 받쳐주고요.
그러나 씨앗 안에 있는 열매를 억지로 끄집어 낼 수 없잖아요.
코칭은 그것과 비슷해요.
억지로, 내 맘대로 내가 맺고 싶은 열매를
상대방에게서 끄집어 낼 수 없거든요."

'자연의 원리를 믿는 믿음'이라는 말이 참 신선하네요.

그리고 제가 보기엔 듣고 묻고 기다리는 것 중에 특히 기다리는 것이 힘들다고 봐요. 코치님은 '기다린다는 것'을 어떻게 바라보시는지요. 그것은 일종의 믿음의 차원일 수도 있고, '지금껏 코칭을 해보니 기다려야 하더라'라는 경험칙일 수도 있고요. 코치님한테도 기다린다는 건 결코 쉬운 일이 아닐 테니까요.

예, 저도 기다리는 게 쉽진 않죠. 그런데 그보다 힘든 건, 코칭을 받는 대상 스스로 기다리지 못할 때 그를 도와줘야 하는 상황이에요. 오히려 그가 스스로를 믿지 못하고 고통스러워 할 때 저도 안타깝죠. 기다려야 하는데 자꾸만 흙 밖으로 튀어나온다든지. 그러면 너무 안타깝고 힘들어요. 왜냐면 저는 그가 열매 맺을 미래의 모습이 보이거든요.

10년 전에 한 청년을 만났어요. 그가 미국으로 로스쿨 공부하러 가기 전이었죠. 그런데 즐거운 이야기를 나눌 때면, 그의 입에선 늘 영화 이야기만 나오더라고요. 영화에 흥분하고 영화에 피가 끓는 청년이었죠. 그래서 제가 "너는 결국 언젠가 영화를 하게 될 거다"라고 했어요. 그랬더니 그 청년이 "아닙니다, 그건 그저 취미입니다"라면서 결국 미국으로 변호사 공부하러 건너갔어요. 10년이 지나 그가 우연히 다른 나라에 놀러갔는데 거기서 인생이 뒤집혀 영화를 제작하게 됩니다. 영화를 만들어 곧 한국에서 개봉을 한다고 해요. 얼마 전에 만나서 "영화 만드는 작업 어 떠세요?" 그랬더니, 웃으면서 "이렇게 힘들 줄 알았으면 시작하 지 않았을 것 같습니다"라고 하더군요.(웃음)

저한텐 이런 사례가 너무 많아요. 어제도 어떤 분과 이야기를 나누는데, 너무 감격해서 눈물이 나는 거예요. 그냥 저에게는 '그 게' 보이는 거예요. 제게 보이는 그의 엄청난 가능성을 이야기해 줬죠. 그랬더니 갑자기 울더라고요. "그 날이 올 겁니다. 그 날이 올 겁니다." 말씀드렸어요. 이런 사람들이 굉장히 많아요. 그렇다 고 제가 기대하는 '그 날'이란 것이 꼭 '대단하다, 성공했다' 그런 것은 아니에요. 그저 자기 존재대로 열매를 맺는 장면인 거죠. 그 장면이 저에게는 보이니까, 그래서 뭔가 덜 힘들 수 있는 것 같 아요. 저한테는 그냥 그게 보이니까요. 그런데 기다리지 못하고 스스로 이탈하고 또 이탈하면 결국 열매를 못 맺거든요. 그 모습 을 볼 때 저는 고통스러워요. 제가 억지로 심을 수 있는 게 아니 니까요. 만약 코칭 과정 가운데 있다면, 제가 어떻게든 이탈을 막 겠지만 제가 통제할 수 없는 상황에서 벌어지면 막을 수도 없죠.

코치님의 이야기를 들어보니, 오히려 '흙 밖으로 튀어나오려는 씨앗을 볼 때'가 힘드시겠네요. 그건 통제할 수가 없으니까요. 저는 반대로, 코치님 이 누군가를 보며 '아, 왜 이렇게 안 되나' 싶어서 답답해할 때가 있을 줄 알았거든요.

코칭 초기에는 확신이 없으니 조급한 마음이 들곤 했어요. 내가 잘 하고 있는 건가? 혹은 땅 속에서 죽은 거 아니야? 내가 잘못하고 있는 거 아니야? 조급함 속에 '빨리 나와라' 했죠. 물론 지금도 그런 조급함이 없는 건 아닙니다. 하지만 많이 줄어들었고요. 농부 역시 그냥 씨앗을 심고 믿는 거잖아요. 그리고 그 씨앗이 언젠가 열매 맺는다는 걸 알고 있고요.

사람이란 존재는 막, 끄집어내고 들었다 놨다 하면 오히려 망가질 수 있어요. 물을 주고 영양을 주면 열매 맺는 게 당연한 거죠. 안 맺는 게 이상하지 않을까요? 예전 인터뷰 때 "왜 이렇게 저를 믿으세요?"라는 질문을 받은 적이 있다고 말했죠. 이렇게 답했어요. "나는 너의 의지를 믿진 않아. 하지만 너가 좋아하고 잘하는 걸 꾸준하게 의미 있게 지속하는데, 그리고 그걸 통해 성장 발전하고 있는데 안 되는 게 비정상이지 않니? 너의 이 한 걸음, 지속하는 능력, 반복하고 성실하게 사는 것. 이것을 잘 됨의 증거로 보는 거지."

땅도 좋고 물도 좋고 씨도 좋은데 열매를 안 맺는 게 비정상이잖아요. 이렇게 접근하는 거죠.

코치님이 지난 대화들을 통해 중간 중간에 말씀하셨던 게 '스포츠 코치와 라이프 코치 간의 비교'거든요. 저는 그러한 비교를 통해 '라이프 코치'의 정체성이 더 분명해진다고 봐요. 성과를 낸다는 것이 코치로서의 포인트이

자 매력 아닐까 싶거든요. '코치라는 존재'가 다른 존재와 구분되는 지점이 거기에 있는 거겠죠.

일단, 코치님께서 특정 존재를 그대로 사랑해주고 용납해주는 데서 느끼는 희열감이 있을 겁니다. 더 나아가 '구체적인 성과'라는 부분도 언급 부탁드립니다.

보통 존재와 행위를 분리하는데, 사과나무가 사과 열매를 안 맺는다면 '존재된 삶'이 아닌 거죠. 그냥 존재된 것은, 열매가 따라줘야 해요. 너무 자연스러운 거예요. 그 삶을 맺을 수 있도록, 잘 맺어갈 수 있도록 돕는 거죠.

좀 더 구체화시키면 공부일 수도, 자격증일 수도, 기업의 일일 수도 있어요. 순간순간, 그때그때 닥치는 어려움들, 문제들에 매몰되지 않고 좀 더 밖으로 나와서 전체 속에서 문제를 보고, 그 힘으로 다시 해결할 수 있도록 돕는 것, 저는 그런 역할을 해요.

가령, 한 테니스 코치가 있다고 가정해 봐요. 코치가 계속해서 "집중해"라는 이야기만 반복한다면 오히려 성과가 떨어집니다. 어떻게 이 성과를 더 높일 것인가, 고민하다가 질문을 던지기 시작합니다. "테니스공이 라켓에 닿을 때 어떤 모양이야?" 이 질문에 선수 스스로가 답하면서 성과를 내기 시작하는 거죠.

자신의 가능성을
믿고 걷는
그대에게

좋은 비유네요.

　가령, 치열하게 살아온 리더들은 이미 오랫동안 스스로 생존해온 사람들이에요. 살아나는 방법을 알 뿐 아니라 자기 계발까지도 부지런히 하시는 분들이죠. 제가 지금 코칭 하는 분은 이미 영어를 충분히 잘 하는데, 퇴근해서도 현지인처럼 영어를 하려고 더 열심히 영어공부를 해요. 심지어 어떤 분은 취미로 히브리어 공부까지 하죠. 제가 사실 무언가를 더 열심히 해라, 라고 말할 수 없어요. 오히려 제 역할은 자기 자신을 인정하게끔 하는 거죠. 어떤 사람은 도전을 줘야 하고, 어떤 사람은 인정을 해줘야 해요. 대상에 따라 코칭이 달라집니다.

　누구나 문제 안에 갇히잖아요. 문제가 전부가 되죠. 일단 문제라는 상자 안에서 한 번 나와 보면 의외로 문제가 자그마한 거죠. 자연스럽게 문제를 대하는 나의 자세가 달라집니다. 뛰어나신 분들도 문제가 터지면, 그 문제가 전부가 돼서 갇혀버리곤 해요. 심각한 상황이 오는 거죠. 만약 아이들도 입시가 인생의 전부라면, 마찬가지일 거예요. 문제로부터 나와서 '내가 무엇을 좋아하고, 무엇을 잘 하는가' '내가 가진 자원을 가지고, 무엇을 할 수 있을까' 생각할 수 있게 돕고 다시 성과를 낼 수 있게 하는 거죠.
　예를 들어, 내가 어떤 영역을 잘 못할 수 있잖아요. 그래서 실제로 그것 때문에 문제가 생길 수 있어요. 그리고는 문제 안에 깊이 들어가서 괴로워하죠. 그런데 일단 문제 밖으로 나와 보니, 반대로 내가 잘 하는 영역이 분명히 또 있습니다. 잘하는 영역과 잘 못하는 영역을 객관적으로 보고, 새롭게 전략을 세우는 거죠. 문제에만 매몰되면 누구나 '난 왜 이렇게 한심할까' 그런 생각에 잠겨버려요. 오히려 뛰어난 사람일수록 더욱 그래요. 자기 기준이 높아서 그렇죠. 스티브 잡스가 한 말 중에 "아웃 오브 더 박스"라는 말이 있어요. 박스에서 나와 전체를 보고, 있는 자원을 가지고 현재 일어난 문제를 해결하는 거죠.

잡스 표현을 빌리자면, 코치는 'OUT OF THE BOX'를 돕는 거네요. 좀 더 근본적으로 표현하자면 한 사람이 실질적으로 맺어야 할 열매를 맺을 수 있도록 돕는 것일 테고요. CEO라면 그가 맺어야 할 열매는 매출이거나 직원과의 관계회복이겠네요.

동시에 제 안에 드는 의문이 있습니다. 그렇다면, 코치님을 만나는 CEO들이 가장 기대하는 것은 매출 성장인가요?

흠, 제가 코칭 했던 분들은 매출에 대해 물론 걱정하긴 하지만, '진정 자신이 무엇을 해야 하는지' 이미 잘 알고 계신 분들이었어요. 코칭을 받을 정도로 의식이 높으신 분들이니까요.
오히려 그분들은 자신의 상태를 관리하는 데 관심이 많으셨어요. 감정이나 생각이 흔들린다는 걸 느끼고, 자신 스스로를 관리하는 데 있어 저의 도움을 받으려고 했죠. 당장의 매출보단, 자기 중심을 잡기 원하시는 분들이 많으셨어요. 집중도를 높이고 감

자신의 가능성을
믿고 걷는
그대에게

정 상태를 관리하고 싶어 했죠. 그것의 중요성을 아시니까 저를 고용한 것이기도 하고요.

코칭은 사실 20년 후를 보고, 그걸 년 단위로, 주 단위로 쪼개 거든요. 주 단위로 확인을 하죠. 주를 하루로 쪼개기도 하는데, 20년과 하루를 연결하는 게 코칭의 핵심이에요. 20년 후가 하루 와 연결되면, 성장하기 시작합니다. 하루에 1점씩만 성장을 해도 1년이면 무려 365점 성장이거든요.

기다림 가운데서도 분명한 목표를 세우고, 20년 후의 목표 속에서 이걸 잘 게 쪼개는 건, 의도적인 노력이 들어가는 거잖아요. 한 사람 안에 있는 잠 재력을 가시적인 목표 속에서 끌어내는 것이겠죠. 그런데 이게 누군가에겐 굉장히 부자연스럽고, 자본주의 시대를 살아가는 사람에게는 또 하나의 피 로감을 줄 수도 있을듯해요.
물론, 코칭의 전제는 '코칭을 원하는 사람이 찾아와서 시작되는 것'이긴 하지만요.

요즘엔 '목표나 성공'이란 개념이 자연스럽게 '스트레스나 피 곤함'과 연결되는 경우가 많죠. 사실 목표나 성공이란 건 더 자연 스럽게 말하면, 내가 원하는 것을 이뤄가는 거예요. 만약 원하는 것이 평화롭게 사는 것, 유유자적하면 사는 것이라면 이것도 하 나의 목표가 될 수 있죠.

사람들이 보통 원하는 게 없다고 하는데, 저는 그 말을 믿진 않아요. 지금 불만족스러운 게 하나도 없다면 원하는 게 없겠죠. "저는 다 만족해요"라고 한다면, 길에서 신문지 덮고 자도 만족스럽다면, 불만족이 없겠죠. 하지만 자기가 원하는 상(像)이 있다면 불만족스러울 거예요. 그런데 보통 그 상을 구체적으로 생각해보고 그려보는 게 아니라 불만족만 생각해요. 가령, "내 남편에게 서운해요!"라고 해서 "그럼 어떻게 해주면 좋으시겠어요?"라고 물어보면 "그건 생각을 안 해봤어요"라고 하는 것과 같아요.

20년 후, 자기가 무슨 삶을 살고 싶은지를 생각하고, 현실을 파악하고, 그러려면 어떻게 해야 하는지 계획을 세워보는 거죠. '자기가 꿈꾸는 이상적인 나'와 '현재의 나' 사이에는 격차가 있잖아요. 보통 '나는 왜 이럴까…'라며 시간을 낭비하곤 하는데, 격차가 있다면 20년 동안 조금씩 메꿔가는 거죠. 그렇게 목표를 작게 잡으면 쉬워집니다, 목표가 천리 길이라도 오늘 한 걸음은 갈 수 있잖아요.

자신의 가능성을
믿고 걷는
그대에게

"'자기가 꿈꾸는 이상적인 나'와
'현재의 나' 사이에는 격차가 있잖아요.
보통 '나는 왜 이럴까…'라며 시간을 낭비하곤 하는데,
격차가 있다면 20년 동안 조금씩 메꿔가는 거죠.
그렇게 작게 잡으면 쉬워집니다.
목표가 천리 길이라도 한 걸음은 갈 수 있잖아요."

조금씩 메꿔간다는 표현이 좋습니다.

지금 코칭 하는 학생과 "우리 코칭하며 처음 만났을 때, 내가 너에게 6개월 후에 '내가 이런 삶을 살다니' 하며 신기해 할 거야, 라고 했잖아. 지금 어떠니? 정말 그러니?" "제가 이럴 줄 몰랐어요. 정말 좋아졌어요." 이런 대화를 주고받았어요. 전에는 그저 나아지는 정도가 목표였는데, 이제는 거기에 만족하는 게 아니라 이젠 자기가 꿈꾸는 대학에 갈 수 있도록 돕는 거죠.

여기서 정말 중요한 건 사람들이 서로 다른 꿈을 꿀 때, 그 꿈 이면에 담긴 가치는 각각 다르다는 거예요. 어떤 사람이 "돈 100억 벌고 싶어요"라고 했을 때 그 말은 "고생 좀 안 하고 편하게 살고 싶어요"라는 뜻일 수 있어요. 누군가에겐 그 말이 "인정받고 싶어요"일 수 있고 누군가에겐 "성취하고 싶다"일 수 있겠죠. 누구나 목표를 향해 가는 것은 이루지 못한 내면의 가치를 이루기 위해서거든요. 하지만 목표를 다 이룬다고, 내면의 가치가 모두 채워지느냐는 생각해봐야 해요. 이게 전에 말씀드린 '비교의 사다리'와 같기 때문에, 100억을 벌었으면, 그 위에 1,000억을 번 사람이 있고, 1,000억을 벌면 그 위에 조 단위 부자들이 있잖아요. 아무리 해도 채워지지 않는다면, 성취는 성취대로 해나가되, 내가 정말 원하는 가치를 향해 또 다른 발걸음을 내딛는 게 중요해요.

자신의 가능성을
믿고 걷는
그대에게

코치님께 방금 그런 질문을 드린 이유는, 우리나라 안에 퍼져있는 '성장'이라는 용어에 대한 부정적인 인식 때문이에요. 그건 아마 경제 성장에서 온 부작용 같습니다. 그러한 인식이 개인의 성장이라는 영역까지 침투하는 바람에 성장이라는 용어가 부정적으로 인식되는 경우가 많은 거죠. 말씀을 들어보니, 코칭이라는 부분에 있어서 성장은 제 생각과 많이 다른 거 같네요.

예, 맞습니다.

조금 이야기를 돌려서, 코치님이 전에 해주신 이야기 중에서, "코칭 할 때 코칭 받는 사람과 같이 모험을 한다는 느낌으로 코칭을 한다"라는 말에 대해 이야기하고 싶습니다. 사람을 탐험하는 코치 정진? 이런 말은 어떻게 느껴지시나요.

표현은 좋은 것 같고요. 삶을 탐험하는 정진, 보물찾기 여행가 정진, 뭐 그런 표현도 좋습니다.

그렇다면, 탐험, 모험, 그리고 보물찾기의 어감이 조금씩 다 다르거든요. 이 세 가지 용어 중에서 코치님의 코칭을 가장 적절히 표현하는 게 뭐라고 생각하시나요?

흠, 아무래도 코칭에 있어 가장 익숙하고 자주 사용하는 표현은 보물찾기에요. 저는 정말 보물찾기를 한다고 생각하거든요. 코칭은, 보물찾기다.

내가 만난 그 사람이 가지고 있는 보물을 끊임없이 같이 찾아가는 과정. 포인트는 혼자 찾도록 방치하는 것이 아니라 같이 찾아가는 거겠죠. 왜냐하면, 보물이 있다는 건 알지만 '어디에 있는지'는 나도 모르니까. 코치님이 쓰시는 표현을 쓰자면, 겸손하게 접근하는 게 중요할 테고요.

예, 저도 모르니까요. 하지만 저는 여행에 있어 전문가인 거죠. 그 사람의 삶을 안 가봤어도, 삶을 여행하는 법은 지속적으로 익혀온, 그런 느낌이에요. 세계 여행을 했지만, 그 나라는 안 가본 거죠. 그러나 숱한 여행을 통해서 노하우는 많이 쌓여 있는 여행 전문가. 물론 저도 조심해야죠. 그 사람의 삶은 처음 대하는 거니까. 그건 정말 두렵고 떨리면서도 기대가 되는 일이에요.

질문을 이어가겠습니다. 코치님을 처음 만났을 때와 인터뷰가 꽤 진행된 지금의 느낌은 많이 달라요. 굉장히 다이나믹한 느낌이랄까요.(웃음)

제가 하는 코칭은 오히려 스포츠에 가까운 것 같아요. 스포츠에서, 한 골 넣으면 "와!!" 하지만 지면 같이 울잖아요. 그런 역동성에 가깝지 않을까 싶네요. 그 현장에서 저는 코치의 역할을 하는 거죠. 그렇다고 막 이래라 저래라 명령하고 그러는 건 아니고요.(웃음)

예를 들어, 장미란 선수가 코칭을 받는 그런 느낌에 가깝다고 봐요. 코치가 장미란 선수보다 더 못 들잖아요. 어떤 부분은, 연예인의 매니저 같은 역할도 하는 것 같고요. 동등한 관계죠. 명령하는 관계가 아니에요. 저는 '거울이 되어준다'라는 표현을 자주 사용합니다. 물론 제가 아닌 다른 코치 분들은 느낌이 또 다를 수도 있어요. 이건 제가 가진 특징일 수도 있으니까요.

"저도 모르니까요. 하지만 저는 여행에 있어 전문가인 거죠.
그 사람의 삶을 안 가봤어도, 삶을 여행하는 법은
지속적으로 익혀온, 그런 느낌이에요.
세계 여행을 했지만, 그 나라는 안 가본 거죠.
그러나 숱한 여행을 통해서 노하우는 많이 쌓여 있는
여행 전문가. 물론 저도 조심해야죠.
그 사람의 삶은 처음 대하는 거니까.
그건 정말 두렵고 떨리면서도 기대가 되는 일이에요."

마지막에 말씀하신 게 제가 드리고자 하는 질문의 포인트이기도 합니다. 의사라도 해서 다 같은 의사가 아니라, 자기가 그리는 의사가 있잖아요. 카페 주인도 마찬가지고요. 하지만 카페는 당연히 커피가 맛이 있어야겠죠. 이렇듯, 포기할 수 없는 가치가 어느 직업군에든 있다고 봐요.

코칭의 정의 자체가 '듣고 질문하는 과정을 통해 스스로 답을 찾도록 돕는 과정'이라고 했을 때, 듣고 질문하고 기다리는 건 코치로서 포기할 수 없는 본질적인 부분이겠죠. 그런 의미에서, 이러한 기본적인 가치를 기반으로 하되, 코치님이 좀 더 그리시는 코치의 모습이 있다면 무엇일까요?

그건 저의 목표일 수도 있는 거죠?

예, 그렇습니다.

저는 지금 제가 코칭 하는 분들을 통해 좋은 결과물들을 내고 단순히 개인적인 차원을 뛰어넘어 이젠 사회적인 기준에 맞는 결과를 내고 싶어요. 코치로서 제 브랜드를 만들어내면서, 더 나아가 정말 많은 사람들이 온라인으로 혹은 소액으로 코칭을 깊이 받을 수 있도록 하고 싶어요.

결국엔, 코칭이란 게 사람 대 사람의 만남이라 고비용이 될 수밖에 없으니, 온라인이라는 도구로 서로 연결을 시키는 거죠. 정말 저렴하게, 혹은 무료로. 이건 저의 꿈이기도 하고, 목표이기

자신의 가능성을
믿고 걷는
그대에게

도 합니다. 그러려면 그만큼 코칭 콘텐츠도 좋아야 하고, 코칭을 통해서 만들어간 실제적 결과물이 있어야 하고요. 결국, 제가 잘 해야겠죠.

정진 코치에 대하여…
김창민(2019년 현재 고1)

'학교'라는 사회에서 여러 관계 속에서 끊임없이 부딪히면서 '나는 누구일까, 무엇인가?'라는 질문 속에 늘 답답함을 느꼈습니다. 코칭을 하기 전 '나는 굳이 왜 살아야 할까? 사회부적응자인가?' 이런 의문이 들기도 했습니다. '나'라는 틀 안에서 세상을 바라보는 시점과 세상에서 바라는 '나'의 시점이 겹쳐져 저는 더 이상 울리지 않는 악기가 되어버린 것 같았습니다. 누군가 나라는 악기의 줄을 건드려 울려주길 늘 목이 말라있을 때 정진 코치 님을 알게 되었습니다.

코치님은 나 스스로 감옥을 만들어 갇혀 있다고 생각했을 때, 저 자신이 소외된 사람이 아닌 특별한 사람이라는 인식을 갖게 해주셨습니다. 일상 속에서 풀지 못했던 답답함과 아픔을 어떤 선입견이나 평가 없이, 내 존재 자체를 공감해주시고, 끝까지 변함없는 모습으로 저를 바라봐주셨습니다. 어느덧 그로 인해 '내 틀 안의 부정적인 시각'은 '어떤 판단을 내리기보다 인정하는 시각'으로 바뀌었습니다. 무엇보다 가장 크게 변화된 건 대인관계에서의 태도입니다. 코치님은 그저 내 이야기를 들어주셨을 뿐, 해결을 해주시거나 답을 찾아준 적도 없는데 어느 순간 내게서 부정적 사고가 멀어져가고 있음을 깨달았습니다.

라이프 코치란, 말 그대로 일상의 삶을 지지해주는 존재입니다. 그(정진 코치)는 걸림돌이 나타날 때 방법을 제시하지 않습니다. 깊게 박혀있는 걸림돌이, 사실은 굳게 박혀있던 디딤돌이었음을 깨닫게 해주시는 존재입니다. 피해 의식으로 자신을 고립시켜 옳고 그름의 기준에 선을 그었던 내 자신을 돌이켜 봅니다. 생각의 차이를 인정하게 됐고, 상대방을 이해하고 공감하게 됐습니다. 외면의 평가와 비판 앞에서 내면이 강화되었습니다. '보잘것없는 나'에서 '사랑받는 나'로 시각이 전환이 일어났습니다.

특이한 내가 아닌 '특별한 나'로, 나 자신의 삶에 스며들도록 도와주셔서 감사합니다.

에필로그

코칭은 사람의 인생과 함께하기에 그 무게와 책임이 한없이 무겁습니다. 그래서 늘 '두렵고 떨리는 마음'으로 진행해야 합니다. 늘 자신의 내면과 마주해야 하며 상대를 온전히 보도록 훈련해야 합니다. 그러나 "온전한 사랑이 두려움을 쫓아낸다"는 말처럼 온전히 나 자신의 삶을 사랑하고, 그 사랑의 마음으로 한 사람 한 사람을 경청해 나가시는 여러분이 되시기를 간절히 기도합니다.

"당신이 인생에서 무엇을 이루고자 하기 전에,
인생이 당신을 통해 무엇을 이루고자 하는지에 귀 기울여라."
- 파커 J. 파머

처음부터 '책을 쓰겠다' 이런 생각으로 진행한 것이 아니라 12년 코칭에 대한 내 인생과 삶을 정리해 보겠다고 생각하며 시작하게 되었습니다. 뭔가 "책"이라고 이름을 붙이기에는 부끄러운 마음도 불쑥불쑥 밀려오곤 했습니다. 다만, 어느 날 '책을 무엇이라고 정의하느냐?'는 질문을 통해 다시 내 마음을 정리하게 되었고, 일단 내 생각을 모두 정리해보자는 마음으로 소재웅 작가님의 질문에 답을 하게 되었습니다.

이 책은 종교서적이 아님에도 제 인생과 삶을 적다보니 개인적인 신앙 이야기가 많아졌습니다. 다른 종교를 가진 분들에게 행여나 불편함을 드린 건 아닌지 노파심도 들었습니다. 그럼에도 제 삶의 이야기를 읽어주시며 '12년 코칭 인생'과 함께해주셔서 감사합니다.

이 책에 나온 모든 코칭의 내용과 정의 그리고 철학은 제 생각임을 밝힙니다. 코칭을 할 때 '무엇이 옳고 그름'은 없습니다. 코치에 따라 정의가 많이 다를 수도 있음을 알려드립니다.

책을 읽으시면서 궁금하시거나 또 문의 주실 내용은 이메일 jin.chung.coach@gmail.com 으로 연락주시기 바랍니다.

모든 독자분들께, 진심으로 감사의 마음을 전합니다.

'가슴으로 사는' 정 진 코치
_인터뷰어 **소재웅**

2018년 여름, 정진 코치를 만났다. 그는 아주 정중해 보였다. 나를 대하는 태도나 대화를 나눌 때 보이는 행동에서 '상대방을 최대한 배려하려는 마음'이 엿보였다.

뭐 그리 대단한 목적으로 만난 건 아니었다. 가까운 지인의 주선(?)으로, 서로 한 번 만나면 새로운 일이 생길 수도 있다는 말을 듣고 둘이 만나게 됐다. 그렇게 매주 만나서 서로의 삶을 나누고, 정진 코치의 코칭 철학에 대해서 들을 수 있었다.

그 후로 1년 가까이 정진 코치를 정기적으로 만나 대화를 나누며 '그에 대한 인상'이 바뀌어 감을 경험했다. 처음 만난 정진 코치가 '정중한 코치'였다면, 만남이 이어지며 그는 '섬세한 코치'로 바뀌었다. 그러다 그 인상은 '뜨거운 코치'로 바뀌었고, 지금 내게 정진 코치는 '인간적인 코치'이다. 단순히 정진 코치의 마음이 따뜻하다, 그런 의미에서가 아니라 그가 가지고 있는 감성의 풍부함을 통해 풍겨나는 모습이 '지극히 인간적'이라는 뜻이다.

지난 1년, 정진 코치에게 질문하고 그의 대답을 듣는 과정을 통해 인터뷰어인 내가 먼저 큰 성장을 경험했다. 나 자신의 가능성을 좀 더 발견하게 되었고, 나 역시 내가 만나는 사람들의 가능성을 보는 눈이 열렸다. 아마도 이건 인터뷰어가 누릴 수 있는 최고의 특권이리라…

정진 코치를 만나기 전, 난 정말 '코칭'에 대해 무지했다. 20여 차례 그와 만나 깊게 대화를 나누며 코칭을 서서히 알아갔으니, 아마 책에 실린 나의 질문에도 그 과정이 그대로 드러날 것이다. 그렇다고 내가 누군가를 코칭 하라면, 자신 없다. '코칭'을 알아갈수록, '코치'라는 존재로 완성되어 가는 게 얼마나 힘든 일인지 느낄 수 있었다.

'정진'이라는 존재가 가슴에 품은 '코칭 철학'이 많은 사람들의 가슴에 전달되면 좋겠다. '가슴으로 사는' 정진 코치의 코칭 철학은, 분명 독자들의 가슴으로 전달되리라 믿는다.

Questions
to Find
My True Self

〈나를 찾아가는 20가지 질문〉

그룹사용 가이드

- 각 질문에 대한 자신의 생각, 감정 등을 충분히 나눈다.
- 다 나누고 나면 느낀점, 좋았던 점, 새롭게 알게 된 점을 나눈다.

1. 나에게 가장 소중한 것은 무엇인가요?(5가지)
   그 이유도 함께 나누어보세요.

2. 할 수만 있다면, 가장 도전해보고 싶은 건 무엇인가요?(7가지)

3. 행복이란 단어를 생각하면 마음에 무엇이 떠오르나요?

4. 10년 후 내 모습에 만족하고 있다면, 그 모습은 어떤 모습일까요?

5. 죽기 전에 반드시 가보고 싶은 장소가 있다면 어딘가요?(3가지)

6. 내일 나에게 기적이 두 가지 일어난다면, 무엇이면 좋을까요?
   이유도 말해보세요!

7. 내가 존경하는 사람은?(3명) 그 이유도 함께 나누어보아요.

8. 나의 버킷리스트 10가지를 말해보세요.

9. 할 수만 있다면, 내 열정을 쏟고 싶은 일은 무엇인가요?

10. 앞으로 살날이 6개월 정도 남아있는 친구가 있다면, 그 친구와 무엇을 함께 하고 싶나요?

11. 무엇을 할 때 가장 행복을 느끼나요?(5가지)

12. 나의 꿈들은 무엇이었나요? 지금 꾸고 있는 나의 꿈은요?

13. 나를 가장 두렵게 하는 것은 무엇인가요?(3가지)

14. 나를 표현할 수 있는 키워드는 무엇이 있을까요?(3가지)

15. 내가 가장 사랑하는 사람은 누구인가요?(3명)

16. 낼 수만 있다면, 지금 이 순간 어떤 용기를 내고 싶나요?

17. 내가 바라는 나의 모습이 있다면, 그건 어떤 모습인가요?

18. 앞으로 2년의 시간 동안 반드시 이루고 싶은 것이 있다면?

19. 현재 내 삶에 의미 있는 것들은 무엇인가요?(3가지)

20. 마법사가 나에게 한 가지 능력을 준다면 무엇을 갖고 싶나요?
    그 이유도 함께 말해보세요.

더 많은 질문은 '**나를 찾아가는 질문카드 50**'으로
이용하실 수 있습니다.(질문카드 50종 + 틴케이스 포장)
카드 사용방법 및 구입 문의는
jin.chung.coach@gmail.com 으로 연락 바랍니다.